JN124531

遺言

馬券師・半笑いの

半笑い

馬券師・半笑いの遺言

はじめに

いきなりの「遺言」という文字に驚いた方もいらっしゃると思いますが、このタイトルには「現時点でなんとしても競馬ファンに遺しておきたい言葉」という意味が込められています。

すべての項目のベースにはデータに基づく事実がありますが、しかし解釈はかなりオリジナルで〝クセがスゴ〟く、その結果表現としては「競馬とは／馬券とはこういうものである」という決めつけ、いわば〝哲学〟に近いものに仕上がっています。当然ですが異論反論は認めますし、むしろ競馬ファンの皆さんの議論の材料としていただけるならば嬉しく思います。

私が「常々意識しているし、折に触れて話したり書いたりはしているけれど、今までしっかりと文章として出版して来なかったこと、あるいは今こそ改めて伝えておきたいこと」を、40の格言という形でまとめました。このため、競馬初心者にも役に立つ心構えから、長年競馬を見ていても意外とハッキリ把握できていない事象の明文化や、深く研究していても分析の範疇とされづらいテーマまで、その項目は多岐にわたっています。

また、私は普段は「ラップ分析」（レースの各区間ごとのタイムや各馬の位置取り・脚の使い方から、その資質やパフォーマンスを予測する手法）を用いて競馬予想をしていますが、本書はその知識が皆無でも読めるような内容になっています。幾つかの項目ではその考え方が色濃く出ていますし、そもそも私の〝哲学〟自体が「ラップ分析による競馬の把握」に基づいているので、結果的にそれがしっかりと底流に流れている一冊になったとは思いますが、特別な予備知識は不要ですので是非気軽に目を通してみてください。必ずしも最初から順に読まなくてもいいですし、気になった項目から読んで、ご自身の馬券に取り入れられる要素だけ取り入れていただければ、何らかの発見や進化に繋がるかと思います。

〝哲学〟などと偉そうに語ってはいますが、自分自身が完全に徹底できていないことも多く、競馬は生涯勉強の連続だなと痛感しているのが現状です。この書籍をまとめたことによる新たな〝気づき〟もあり、それによるアップデートも反映させていますし、さらなる進化を目指して邁進する所存です。そのリアルタイムでの成果は「半笑いの競馬予想」（公式サイト：http://hanwarai.net/、「note」：https://note.com/hanwarai）をご覧ください。

競馬場やＷＩＮＳへはなかなか行けない世の中になりましたが、競馬予想という楽しくも厳しいフィールドで、印や馬券という自己表現を通じて豊かな時間をともに過ごしましょう。

はじめに……2

第1章 競馬の本質を捉える格言8……9

遺言1 好きな馬を作るな 得意な馬を作れ
遺言2 予想を言語化して「点」を「線」にせよ
遺言3 無理矢理作り出されたメディアの寝言に耳を貸すな
遺言4 「データ」に潜む本質とノイズを嗅ぎ分けろ
遺言5 極論すれば競馬は「馬10：騎手0」である
遺言6 芝は多彩 ダートは単純
遺言7 「逃げるは馬券の役に立つ」過去と未来、両方を修正せよ
遺言8 短距離の展開は馬が、長距離の展開は騎手が作る

第2章 競馬場の特性を捉える格言12……43

遺言9 「○○コース巧者」の理由、
〝分解〟してその本質を見抜け

遺言10 競馬場には
「2大グループ」がある

遺言11 1200m以下のスプリント戦は
上がりよりテンの坂を重視すべし

遺言12 「芝1400m」を
ひとまとめにする人は負け組

遺言13 ダート1200m以下は
「何が逃げるか」が最重要ポイント

遺言14 競馬の基本は「内枠有利」
しかしダート短距離だけは「外枠有利」

遺言15 東京ダート1400は
1400のなかで「異端」のコース

遺言16 似て非なる
ダート1700m各コースを峻別せよ

遺言17 函館1700得意ならば短距離で
札幌1700得意ならば中長距離で狙え

遺言18 京都ダート1800は〝王道コース〟
その後の出世は約束されている

遺言19 阪神ダート2000mは
芝と通じる「中弛み」コース

遺言20 同じメンバーでの再戦こそ
条件を精査して逆転の可能性を探れ

第3章 競走馬の適性を捉える格言10 ……93

遺言21 テン速いレースは距離短縮に
上がり速いレースは距離延長に繋がる

遺言22 馬の「脚質」だけでなく
馬の「資質」を考えろ

遺言23 競走馬の得意な条件をピンポイントで言語化せよ
遺言24 コース適性+ラップ適性＝競走馬の真の資質
遺言25 「中弛みラップ」では「逃げ・先行」と「追い込み」が恵まれる
遺言26 レース中「無理をする」箇所でこそ馬の能力が問われる
遺言27 新馬戦より未勝利戦の方がペースも速いし時計も速い
遺言28 歳を取るほど差しが利く
遺言29 クラスが上がるほど差しが利く
遺言30 2歳戦・3歳戦のOPは「古馬2勝クラス」短距離やダートは成長が早まる

第4章 馬券購入の極意を捉える格言10 ………… 135

遺言31 JRAのGIは「出走全馬が本気で勝ちに来る」レース
遺言32 予想家は印を増やすことに、馬券師は印を減らすことに命を懸ける
遺言33 人気馬の不確定要素は「リスク」穴馬の不確定要素は「可能性」
遺言34 本線馬券と押さえ馬券の〝相関〟「正」なのか「負」なのかを把握すべし
遺言35 複勝やワイドは穴馬より人気サイドで買え
遺言36 ◎1着・○2着・▲3着がベストだとは限らない

遺言37 新聞の印に加味されていない最大の情報は「枠順」
遺言38 馬柱にギリギリ入っていない戦績が大穴の使者
遺言39 競馬開催中にも馬券のヒントは出続けている
遺言40 「全ての意見を取り入れる」者は〝オッズの奴隷〟である

終章 40の格言、馬券における実践編……177

CASE1 2018年有馬記念
CASE2 2013年由比ヶ浜特別
CASE3 2018年ファイナルS〜2019年阪神C
CASE4 2019年安田記念〜2020年安田記念
CASE5 2019年宝塚記念〜2020年宝塚記念

おわりに……188

データ集計期間：
断りのない限り2016〜2020年

CHAPTER 1

競馬の本質を捉える格言8

遺言
1

好きな馬を作るな 得意な馬を作れ

第1章

競馬の本質を捉える格言8

強い馬を常に買うのは損 取捨を明確にできる馬こそが「飯のタネ」

ディープインパクトが出るレースでは、誰もがディープインパクト絡みの馬券を買いました。国内13戦の単勝オッズは全て1・3倍以下で、12勝・2着1回の勝率93％・連対率100％という戦績。まさに「競馬は強い馬が勝つ」を地で行く結果で、これが競馬の本質だと思った方もいるでしょう。

では、アーモンドアイの場合はどうでしょうか？GⅠで1番人気に推されるようになったオークス以降、国内10戦全てで単勝オッズは2・2倍以下でしたが、戦績は〈7・1・1・1〉。勝率70％・連対率80％は立派な成績ですが、それでも常にアタマで買っていたのでは、的中時に上手く相手を絞っておかないとトータルで勝てません。但し「『牝馬同士』或いは『1800〜2400m戦』」に限れば7戦全勝で、これを事前に見抜けていれば単勝だけを買い続けても確実にプラスになっています。

64年ぶりの牝馬によるダービー制覇を成し遂げたウオッカは、現役中から半ば伝説の存在でしたが、しかしダービー以降の国内の戦績は〈6・3・3・4〉と連対率56％に過ぎません。そして東京では〈6・3・2・1〉で連対率75％、それ以外では〈0・0・1・3〉で連対率0％という極端な成績。4歳春以降は東京以外への出走を避けているので未知数の部分はありますが、「顕彰馬（殿堂入り）」の馬でさえ常に好走できる訳ではなく、「適性」というものがあるのを物語っているのではないでしょうか。

競馬予想とは、能力だけでなくこういう条件や適性を見極めて行く作業なのです。そして前述の「強い馬が勝つ」というよりもむしろ、**「どんなに強い馬でも負けることがある」**ということこそが、競馬の本質なのではないでしょうか。あれだけ「強い」アーモンドアイやウオッカでさえ「買うべき条件を絞って買わないと勝てない」馬なのですから、普通の馬はより厳しく見極めるべきなのです。

帯封をくれた「大好きな馬」しかしその後のGIでは本命にせず

少し古い話ですが、2006年の桜花賞での私の本命は6番人気のキストゥヘヴンでした。前哨戦・フラワーCで「テン3F35秒台→中盤3F36秒台→上がり3F37秒台」という前傾ラップを中団前目から差し切り、GI阪神JF3着のフサイチパンドラ（後にGIで3連対、アーモンドアイの母でもある）に1馬身半差の完勝。当時の桜花賞は内回りコースでハイペースが多かったので、「急坂コース＋急流での強い勝ち方」は本番に繋がると見て高評価したところ、実際本番は急流で追い込みハマって快勝。単勝（13・0倍）を10万円大勝負したこともあって、大好きな馬になりましたが…しかし実はその後のGIでこの馬を本命視することは一度もありませんでした。というのも、前述の通り「上がり掛かる急坂コース」適性を重視しての本命だったので、東京・京都でばかり行われる牝馬中長距離GI（オークス・秋華賞・エリザベス女王杯）やマイルGI（ヴィクトリアM・安田記念・マイルCS）では、その「適性」に合致する場面が全くなかったのです。実際この馬がその後勝った重賞は5歳時の京成杯AH（超ハイペース）・6歳時の中山牝馬S（雨馬場）で、共に「急坂コースで、テンより上がりが掛かる」タフなレースでした。

好きな馬は作るな、いや正確には**「好きな馬を作っても、条件を精査せずに買い続けるな」**というところでしょうか。

また逆に、嫌いな馬やあまり強いと思っていない馬も、当然その評価に固執するのは得策ではありません。私はアーモンドアイを最初あまり評価してなくて、3歳までで本命を打ったのは秋華賞のみでしたが、ジャパンCでの世界レコードの勝ち方を見て「2000〜2400mで平均的に脚を使う時計勝負では逆らわない」と決めました。それゆえその後の天皇賞（秋）やジャパンCでは素直に本命を打てた一方、まだ適性を十分示していなかった安田記念（マイルのスピード勝負で3着まで）や有馬記念（タフな馬場の底力勝負で失速9着）では、それぞれのレースに適性がある他の馬を本命にして首尾よく的中。結果はたまたまですが、「嫌いな（評価していない）馬でもパフォーマンス次第で評価を修正する」「その結果お世話になっても適性を精査して盲信はしない」という、ごく当たり前の積み重ねの大事さを再確認できました。

キストゥヘヴン　牝・2003年生

日付	レース名	コース・馬場	頭数	枠	馬	人気	着順	斤量	タイム	着差	通過順	上り
2006.3.5	未勝利	中芝1600良	16	8	16	2	1	54	1.36.0	-0.3	2-5-3	35.6
2006.3.18	フラワーCGⅢ	中芝1800良	16	6	11	6	1	54	1.48.9	-0.2	5-6-6-7	35.5
2006.4.9	桜花賞GI	阪芝1600良	18	7	14	6	1	55	1.34.6	-0.1	14-16-13	34.9
2008.9.14	京成杯AHGⅢ	中芝1600良	16	8	16	3	1	55	1.32.1	-0.2	11-12-8	35.1
2009.3.15	中山牝馬SGⅢ	中芝1800稍	16	4	8	4	1	56.5	1.49.1	-0.2	5-5-5-4	35.7

※勝利レースのみ抜粋(桜花賞まで3連勝、それ以降は21戦2勝)

アーモンドアイ　牝・2015年生

日付	レース名	コース・馬場	頭数	枠	馬	人気	着順	斤量	タイム	着差	通過順	上り
2018.4.8	桜花賞GI	阪芝1600良	18	7	13	2	1	55	1.33.1	-0.3	15-16	33.2
2018.5.20	優駿牝馬GI	東芝2400良	18	7	13	1	1	55	2.23.8	-0.3	6-6-6-5	33.2
2018.10.14	秋華賞GI	京芝2000良	18	6	11	1	1	55	1.58.5	-0.2	11-11-11-12	33.6
2018.11.25	JCGI	東芝2400良	14	1	1	1	1	53	2.20.6	-0.3	3-2-2-2	34.1
2019.6.2	安田記念GI	東芝1600良	16	7	14	1	3	56	1.30.9	0.0	11-9	32.4
2019.10.27	天皇賞秋GI	東芝2000良	16	1	2	1	1	56	1.56.2	-0.5	5-6-5	33.8
2019.12.22	有馬記念GI	中芝2500良	16	5	9	1	9	55	2.32.3	1.8	8-8-7-4	36.9
2020.5.17	ヴィクトリアMGI	東芝1600良	18	6	12	1	1	55	1.30.6	-0.7	4-4	32.9
2020.6.7	安田記念GI	東芝1600稍	14	4	5	1	2	56	1.32.0	0.4	11-11	33.9
2020.11.1	天皇賞秋GI	東芝2000良	12	7	9	1	1	56	1.57.8	-0.1	3-3-4	33.1
2020.11.29	JCGI	東芝2400良	15	2	2	1	1	55	2.23.0	-0.2	4-5-4-4	34.7

※国内GＩのみ抜粋

遺言

2

予想を言語化して「点」を「線」にせよ

評価の理由を明記しておけば前走の消し要素が今回買い要素になることも

競馬予想をする時、どんなツールをどのように使っていますか？

赤ペンで専門誌にチェックや印を入れる人、「JRA-VAN」などのデータベースに印やメモを入力する人、SNSに印や寸評をまとめてUPする人…いろいろなパターンがあると思いますが、どのパターンでも是非ともお勧めしたいのは「馬の評価やレースの見立てを、言葉にする」こと、そして「その言葉を、再度閲覧可能な状態で保存しておく」ことです。

印や指数だけを書き込んだり入力したりするスタイルの人もいると思いますが、評価したものがその馬本来の「能力」なのか、シンプルな条件で再現性が高い「適性」なのか、或いは今回のレースだけの「調子」「枠順」「展開」なのか…後になって見返すと、分からなくなることが多いのではないでしょうか。簡単なメモでもいいので、自分の言葉で評価を残しておくことで、今回の予想が当たっても外れても次回以降に活かすことができるのです。

特に狙い下げた馬に想像以上に走られてしまった場合、自分が下げた理由と実際の好走の要因を掘り下げることで、次走以降の狙いが大きく変わるはずです。この際に注意して欲しいのは、【遺言1】で示したように、殿堂入りレベルの馬でも「適性」に合致したレースか否かでパフォーマンスを大きく変えるということ。「弱いと思ったが実は強かった」と簡単に割り切るのではなく、なぜこのレースで走れないと思ったのか、評価を下げる原因を分析した際に見落としはなかったか、抽象的ではなく具体的に粘り強く考えてみると、必ず何かしらの発見があるはずです。事前の予想時にメモを残しておかなければそれを考える材料すらないのですから、いかに重要なことか分かると思います。

評価を言葉にすれば競走馬の真の資質が見えてくる

私は自身の競馬予想サイト「半笑いの競馬予想」(http://hanwarai.net) から毎週重賞に関しては全レース、数千字~数万字に及ぶ長文で考察を積み重ねた予想を配信していますが、この際に自分の分析の経緯の過去ログを再確認するのが、予想に役立っている実感があります。私の場合は「レースラップと各馬の位置取りや脚の使い方から、競馬場の特性を踏まえて競走馬の能力や適性を見抜く」予想スタイルですが、それがどんなものであれ、**各レースの予想＝「点」を繋げて行けば、競走馬の資質＝「線」が見えてくる**と思います。いや、見えるようにするのが競馬予想であり、そのために過去の自分の評価を残しておく必要があるのです。

例として、短距離のOP馬・ライトオンキューについて考えてみましょう。私の予想におけるこの馬の分析・評価を、時系列で簡単にまとめたものが左ページの表になります。印だけを見ると単純に「本格化に合わせて印を上げていって、GIではまだ足りないと消した」だけのようにも見えますが、各レースで予想を言語化しているので、能力と適性と状態に関してそれぞれ随時分析しているのが分かると思います。どうでしょうか、点が線になっていく過程が伝わるのではないでしょうか？

20年スプリンターズSの後、「良い位置にいたのに伸びなかったのはGIでは足りないから」というのが一般的な評でしたが、しかし私の見立てはあくまでも「中山では一線級とは差がある」というもの。JRAのスプリントGIは高松宮記念もスプリンターズSも「前半下り坂→ラスト急な上り坂」コース（中京・中山）で行われるので、これとは逆の起伏への適性（詳しくは【遺言9~11】で説明します）ばかり見せているこの馬はGIでは少々不利ですが、決して能力的な勝負付けは済んでいません。例えば2021年の函館スプリントS（札幌施行予定）やキーンランドCではGI級を相手にしても引けは取らないでしょうし、コースの起伏は得意な範疇の新潟直線1000mのアイビスサマーダッシュでも勝ち負けしてもおかしくありません。ちなみにシルクロードSは例年の京都ならば本命予定でしたが中京施行ということで「▲」に留めたところ、2着と激走。これならば、高松宮記念でも内枠を引ければ健闘できる可能性がありそうです。このように「点」から「線」を見極めて行くのが、競馬予想の楽しさであり深みなのです。

■ライトオンキューの評価の変遷

	事前評価（印）	事後分析
2019年 UHB賞 (OP)札幌1200m 2着	(予想なし)	ハイペースの好位から2着は強いが、上がりはやや止まっており完勝の勝ち馬とは差がある。
2019年 キーンランドC (GⅢ)札幌1200m 4着	前走から力不足と判断(無印)	G1級相手に4着は優秀、但しハイペースで追い込みハマった上に斤量差もあった。
2019年 京阪杯 (GⅢ)京都1200m 1着	前走から適性はあるが能力は一線級とは差がある(△)	ミドルペースだが最終週差し馬場で、追い込み台頭の展開を中団から制して完勝、力を見せた。
2020年 函館スプリントS (GⅢ)函館1200m 6着	前走から「前半上り坂→後半下り坂コース」の適性十分、ここのメンバーでは主力(◎)	前残り展開で好位から6着は物足りないが、大型馬だけに半年ぶりの休養明けが堪えたのでは。
2020年 UHB賞 (OP)札幌1200m 1着	前走を叩いてOPならば力は上、適性も問題なし(◎)	相手薄く時計も遅いので加点評価はできないが、大外枠から余裕持って完勝ならば文句なし。
2020年 キーンランドC (GⅢ)札幌1200m 2着	昨年4着から地力強化、メンバー強化でも主力の一角(○)	雨降るなか極端な外差し馬場へシフトした模様で展開はハマったが、中団から早仕掛けで2着ならば地力強化はやはり達成されていたと判断。
2020年 スプリンターズS (GⅠ)中山1200m 9着	「向こう正面=上り坂or平坦」「ラスト=下り坂or平坦」の札幌・函館・京都で抜群の適性を見せていただけに、「向こう正面=下り坂」「ラスト=上り坂」と真逆の中山では消し(無印)	いつも捲れる馬なのに前半の下り坂で追走厳しくなって珍しく「3〜4コーナー間」でポジションを下げており、これは事前評価通り適性が合致しなかった見立て。力不足ではなく、今回負けた相手にも得意舞台では引けを取らないと評価する。
2021年 シルクロードS (GⅢ)中京1200m 2着	適性は合致しないが、中京と似た起伏(「向こう正面=下り坂」「ラスト=上り坂」)の中山のG1で9着ならば、G3のメンバーでは一応上位(▲)	内からロスなく捌いたとはいえ、これまで実績足りないこの舞台での連対は成長の証。内枠ならばスプリンターズS勝ち馬不在の高松宮記念でも通用の可能性も。

遺言

3

無理矢理作り出されたメディアの寝言に耳を貸すな

第1章
競馬の本質を捉える格言8

「今年の3歳はハイレベル」などというメディアの寝言に耳を貸すな

「今年の3歳世代はハイレベル」という表現、競馬メディアでよく聞くと思いませんか？

この表現の根拠は何でしょうか？ 例えば「3歳春重賞・23レースのうち、直近5年の平均タイムを上回る決着のレースが18もある」とか「3歳夏〜秋開催の2・3勝クラスの勝ち鞍が過去5世代のなかでトップ」など、他の世代と比較して明確に数値化された根拠のある「ハイレベル」ならば参考になる表現ですが、大した根拠がない場合も少なくありません。一見数的な根拠がありそうな場合でも、例えば「重賞勝ち馬9頭が揃った超ハイレベル皐月賞」などの表現は、強い馬がいないからレースごとに勝ち馬が変わる＝逆に低レベル世代の示唆の可能性すらあります。

近年で言えば「2013年世代（2016クラシック世代）」が「史上最強世代」と謳われました。春の二冠でともに上位を占めたディープインパクト産駒3頭（ディーマジェスティ・マカヒキ・サトノダイヤモンド）が三冠を一つずつ制して上位が拮抗した好ライバルと印象付けられ、マカヒキが海外遠征でも重賞（ニエル賞）を勝ち、サトノダイヤモンドが3歳暮の有馬記念を制したことで上の世代にも優位を示せた…という経緯でしたが、順調だったのはここまで。4歳になって斤量利がなくなると全く活躍できず、「3強」の翌年（2017年）以降の成績は〔2・1・4・20〕と勝率7％・連対率11％、うちＧＩに限れば〔0・0・1・17〕で勝率・連対率ともに0％という惨状でした。

これはまさに、**「世代交代で競馬が面白くなる・ニュースターが現れる」という希望的観測の結論ありきで「ハイレベル世代」という根拠が後付けで付与された**例でしょう。メディアは盛り上がる方向に見出しを打つので、**それに「乗らない」だけで〝妙味〟を得られる**ことを意識すべきなのです。

世代レベルは「測らなくてもいい」毎年過剰人気になる3歳馬は疑ってかかれ

　では、どうやって本当の世代レベルの差を測るのでしょうか。――答えは、「正確には分からないので測る必要がない」です。

　前ページで触れたように、世代レベルの差を測る材料は複数ありますが、それでも世代のどの層が厚いかは世代ごとに異なっているので、「OPレベルのトップ層が古馬重賞で通用するか」と「3歳未勝利を勝ち上がったばかりの馬が古馬1勝クラスで通用するか」には差異があります。そもそもこれをまとめて評価して、世代全体を上げ下げすることが不自然なのは当然でしょう。ちなみに左ページの表に示したように、実際夏のローカル戦（6～9月の札幌・函館・福島・新潟・小倉）で秋のGⅠに繋がる芝中長距離戦に限って言えば、過去5年間で2勝クラス（1000万下）の3歳馬の成績は2016年世代が勝率も複勝率も最高でしたが、クラシック「3強」はその後、前述の通り上の世代に簡単に跳ね返されています。世代の実力をまとめて分析することがいかに的を射ていないかの証明で、それが測れない以上は「世代論」に過剰に振り回されると損をすることは自明です。

　数的根拠がある世代でもこういう〝期待倒れ〟があるのですから、そうでなければなおさら。夏のローカル戦の3歳馬は、「これを勝って菊花賞／秋華賞に出走したい」といった陣営が描いた秋のプランに沿ったコメントがよく出されます。各陣営の担当記者は、これを聞いてしまった以上は感情移入して自分の予想でも本命にしがちですし、新しいスターの誕生の予感は見出しとしてもキャッチーなので「ここを勝って菊花賞へ」などの文字が新聞紙上に躍ることも多くなります。このためこの時期の3歳馬は結局、ハイレベルの評があるか否かに関わらず「全ての世代で過剰人気しがち」であるのは意識しておきましょう。

　夏のローカル芝中長距離戦に3歳馬は2016年～2020年の5年間でのべ189頭出走して、うち約3分の2にあたる122頭が1～3番人気に推されていますが、勝ったのはわずか36頭（勝率19％）。3着以内も85頭（複勝率45％）に留まっています。一応この5年間に限って言えば、「札幌の1番人気」や「新潟の1～3番人気」は勝率がかなり高い傾向があるので、これをデータとして参考にして頂いてもいいですが、全体としてはむしろ〝人気でも疑ってかかる〟のが基本となっています。

2016~2020年、6~9月の ローカル芝中長距離戦での3歳馬成績

コース別

		札幌	函館	福島	新潟	小倉	5場合計
1番人気	成績	7-1-2-6	3-2-2-2	1-1-1-3	3-2-2-2	3-6-0-1	17-12-7-14
	勝率	44%	33%	17%	33%	30%	34%
	複勝率	63%	78%	50%	78%	90%	72%
1~3番人気	成績	10-8-2-20	5-5-4-8	4-1-1-6	8-5-5-4	6-8-1-11	33-27-13-49
	勝率	25%	23%	33%	36%	23%	27%
	複勝率	50%	64%	50%	82%	58%	60%
3歳馬全体	成績	11-8-6-47	7-5-5-13	4-1-1-8	8-6-5-13	6-2-4-23	36-22-21-104
	勝率	15%	23%	29%	25%	17%	20%
	複勝率	35%	57%	43%	59%	34%	43%
平均人気		3.8番人気	3.0番人気	2.1番人気	3.0番人気	3.7番人気	3.4番人気
平均着順		5.3着	4.5着	3.4着	4.0着	5.0着	4.7着

世代別

		2016年	2017年	2018年	2019年	2020年	5年間合計
1番人気	成績	4-3-0-1	3-0-2-1	3-3-1-3	4-3-2-4	3-3-2-5	17-12-7-14
	勝率	50%	50%	30%	31%	23%	34%
	複勝率	88%	83%	70%	70%	62%	72%
1~3番人気	成績	8-7-3-6	5-3-3-9	6-7-2-17	6-4-2-10	8-6-3-7	33-27-13-49
	勝率	33%	25%	19%	27%	33%	27%
	複勝率	75%	55%	47%	55%	71%	60%
3歳馬全体	成績	9-7-3-18	5-4-4-22	6-7-5-24	7-4-3-18	8-6-7-22	36-22-21-104
	勝率	24%	14%	14%	22%	19%	20%
	複勝率	51%	37%	43%	44%	49%	43%
平均人気		3.3番人気	4.2番人気	2.6番人気	3.0番人気	3.7番人気	3.4番人気
平均着順		4.8着	4.7着	4.9着	4.6着	5.0着	4.7着

遺言
4

「データ」に潜む本質とノイズを嗅ぎ分けろ

「有馬記念で内枠が強い」のはなぜか〝当たり前〟を掘り下げて言葉にせよ

その昔、競馬予想界には「血統派」「馬体派」「指数派」などと並んで「データ派」という手法が存在していました。当時の「データ派」は、基本的に「有馬記念は内枠が強い」「菊花賞では阿賀野川特別勝ち馬が穴を開ける」などといった過去の統計に当てはめて合致する指標が多い馬を買う、といったもの。広い意味では「○○賞では△△ステークス3着馬の隣の馬番が激走する」「××記念では4番の馬番は死に目」など、ほぼオカルトと言っていい攻略法も「データ派」に含められていました。今やどのアプローチでもデータを蓄積して、結果を受けてフィードバックするのが当然の時代で、言わばすべての競馬予想が「データ派」となったせいか、この名称はあまり使われなくなりました。だからこそ、その「データ」の意味を吟味することが勝敗の分かれ目になるのではないでしょうか。

例えば有馬記念で内枠が強いのは「スタート後すぐコーナーで早めに隊列が固まりやすいうえに小回りのコーナーを6回も周るので、コースロスが少ない内枠が有利になる」という、物理的な理由がありきます。このように言葉にできる根拠があれば有効な「データ」、そうでなければ一時的な統計の偏りによる偶然、即ち「ノイズ」の可能性が高いので、そこをしっかり判別して予想に臨みましょう。

そして重要なのは、**あくまでも「データ」は過去の統計であり、再現性の保証は別問題**ということ。前述の有馬記念で言えば「内枠＝内を通りやすい＝走破距離的に有利」というデータなのですから、例えば内が荒れて全く伸びない馬場であればその優位が減りますし、内で揉まれるのが苦手だったり外を捲りたい馬に関しては走破距離の「加点」を上回る「減点」が発生する場合も。単に条件に当てはめるのではなく、データの意味に沿って個別の競走馬ごとに評価を上げ下げして行きましょう。

「データ」に条件を追加して「ノイズ」をカットせよ

前ページの「菊花賞では阿賀野川特別勝ち馬が穴を開ける」という〝データ〟について、掘り下げてみましょう。2016～2020年に同レースを勝った3歳馬は3頭、その全てが菊花賞に出走して3・3・11着でした。3着したポポカテペトル・ユーキャンスマイルは13・10番人気で大穴を開けているだけに、極めて「役に立つ」データに見えます。しかし実はこの2頭は共に友道康夫厩舎所属なので、ひょっとすると「この厩舎がこのレースをステップにステイヤーを育てるノウハウを持っている」だけなのかもしれません。

まさに「データ」なのか「ノイズ」なのかちょうど悩むところですが、こういう場合にお勧めなのは、**「条件を追加すること」**です。

例えば「新潟芝2200mの2勝クラス（1000万下）を、上がり34・8以内・2分11秒台以内で勝った馬」という条件を追加すると、過去に該当するのは左ページ［表1］の7頭で、このうち6頭が重賞で馬券になっています。さらにこのうち7月施行レースの該当馬（馬名の頭に「※」を付けた2頭）を除外して、連続開催後半でやや力がいる馬場になる8月の該当馬5頭に絞れば、その全てがその後GⅠ・GⅡで馬券になっています。

この条件を満たせるのは「平坦小回りだがスピードや立ち回りだけでなく、速い上がり&好時計で勝ち切る持続力を持った馬」なので、3歳馬に限らず中長距離重賞に繋がる出世レースになり得ることを示唆しています。開催前半の軽い馬場のものを除外すると、出世の度合いが高くなるのも整合性がある結果です。

こうして言語化すると、単なる「菊花賞への連動データ」を超えて明確な資質の裏付けとなっているのがよく分かります。そしてこういう例が重なったレースを狙って素質馬が集まることでさらに上記の条件を満たす確率が上がる…というループが発生することもあり、この結果がいわゆる「出世レース」なのです。

このパターンで近年出世レースになっているのが毎日杯で、「1分46秒台&上がり34秒台以内」の勝ち馬は5頭全てがその後GⅠで馬券になっており、特に日本ダービーでは全て5着以内と好相性を誇っています。近年は特にレース名やレース条件変更が頻繁に行われますが、その場合にもデータの本質を押さえておけば対応の幅は拡がりやすくなるのです。

表1 新潟芝2200mの2勝クラスを、2分11秒台以内かつ上がり34.8以内で勝った馬のその後

馬名	該当レース	勝ちタイム	自身上がり	その後の重賞成績	その後の主な重賞好走
オウケンブルースリ	08阿賀野川特別	2.11.9	34.1	2-4-2-14	08菊花賞(GI)1着
※テンシノゴールド	09佐渡特別	2.11.9	34.5	0-0-0-1	ー
※ニューダイナスティ	12佐渡特別	2.11.0	34.8	0-1-0-14	14七夕賞(GⅢ)2着
ショウナンバッハ	15阿賀野川特別	2.11.9	34.0	0-1-2-27	16AJCC(GⅡ)3着
トーセンバジル	16阿賀野川特別	2.11.8	34.5	0-2-2-8	18アンダーウッドS(豪G1)2着
ポポカテペトル	17阿賀野川特別	2.11.7	34.8	0-0-1-6	17菊花賞(GI)3着
ユーキャンスマイル	18阿賀野川特別	2.10.9	34.2	3-0-1-7	20阪神大賞典(GⅡ)1着

※7月施行

表2 毎日杯(GⅢ・阪神・芝外1800m)を、1分46秒台かつ上がり34秒台以内で勝った馬のその後

馬名	該当年	勝ちタイム	自身上がり	ダービー着順	その後の主な重賞好走
ディープスカイ	08年	1.46.0	34.8	1着	08NHKマイルC(GI)1着
キズナ	13年	1.46.2	34.3	1着	13ニエル賞(仏G2)1着
マイネルフロスト	14年	1.46.7	34.6	3着	16中山金杯(GⅢ)2着
アルアイン	17年	1.46.5	34.3	5着	17皐月賞(GI)1着 19大阪杯(GI)1着
ブラストワンピース	18年	1.46.5	33.9	5着	18有馬記念(GI)1着

遺言
5

極論すれば競馬は「馬10：騎手0」である

第1章

競馬の本質を捉える格言8

GⅠの派手な成績だけで判断するな 騎手はミスして馬の邪魔をする存在

競馬の格言として、「馬7：騎手3」という表現を見聞きします。この比率は抽象的かつ感覚的なもので、そもそもの単位も根拠もない表現ですが、それでも敢えて異を唱えたいと思えます。

「2020年のJRA平地GⅠ・24レースのうち、3分の1（8レース）をリーディング首位のC・ルメール騎手が制し、3分の2（16レース）はトップ5騎手が勝っている」ように、大レースではスタ―ホースにトップジョッキーが配され、実際に結果を出しています。しかしGⅠは1勝（シェア4％）のリーディング21位以下の騎手でも、GⅡ・GⅢに関しては104レース中30勝（同29％）していますし、JRA平地全レース3331のうちでは1566勝（同47％）もしているのです。馬の能力を出し切るのが優秀な騎手で、特に大レースで緊張に潰されずこれを遂行できる確率が高いのがトップジョッキーなので有力馬が集中しますが、あらゆるレースで支配的な結果を残すわけではないのです。

過去に重賞レースでカラ馬（騎手が落馬して鞍上にいない状態）が、先頭でゴールした例が幾つかあります（93年京阪杯・ワイドバトル、08年エリザベス女王杯・ポルトフィーノ）。前者は7番人気の伏兵ですし、後者は強敵揃いのGⅠでのできごと。つまりレースを止めさえしなければ、「斤量を背負っていないメリット」が「騎手の指示を受けながらレースを運べないデメリット」を大きく超えている証拠と言って良く、そもそも騎手は馬が能力を発揮するのを邪魔する存在という解釈も可能です。

極論すれば競馬は「馬10：騎手0」。正確には「0」にできるのが名手で、ミスがあれば「マイナス1～10」になってしまう、ということです。この後の項で名手が馬の能力を最大限引き出しやすい条件について触れて行きますが、馬本来の能力以上を引き出せるというのは幻想だと心得ましょう。

走るのはあくまでも馬 騎手で過大・過少評価しない

例えば、2020年無敗の牝馬三冠を達成したデアリングタクト。秋華賞で0・3差以内の2・3・4着馬の鞍上（リーディング34・21・27位の大野拓弥・藤岡康太・坂井瑠星騎手）がもしリーディング1位のC・ルメール騎手に乗り替わっていれば、デアリングタクトに土をつけていたのでしょうか？単なる〝タラレバ〟なので真相は藪の中ですが、一流騎手が本当に「騎手3」というレンジで馬に実力以上の力を発揮させることができるならばリーディング下位の騎手の勝ち鞍はなくなってしまいますし、馬の真の力も見誤ってしまいます。かつて「デットーリが乗ると5馬身違う」と発言した大物競馬関係者もいましたが、これが本当ならば無敗の三冠馬にも簡単にストップをかけられたことになってしまいます。

オークス・秋華賞・ジャパンCとGIの2着を重ね、20年ジャパンCでは史上初の三冠馬3頭による決戦で「3強」に次ぐ僅差の4着と大健闘したカレンブーケドール。この間鞍上はずっと津村騎手でしたが、有馬記念では池添騎手に乗り替わりました。現役17年目で通算重賞12勝・GIは未勝利という津村騎手に対して、池添騎手は23年目で重賞85勝・GIも26勝の名手。しかも牝馬によるGI制覇は12度を数える「牝馬の池添」へのスイッチは、一般的には「鞍上強化」と言われる乗り替わりでしたが、3番人気に推された有馬記念では5着に終わりました。これは激戦を経てきた状態面や、そもそも急坂コースへの適性が疑問だった（中山ではGⅢ紫苑Sで3着・GⅡオールカマーで2着まで）こともあるので、決して池添騎手に大きなミスがあったとは思いませんがミスがなくて完敗したとすれば、それこそがまさに「騎手よりも馬（能力・適性・状態）本位で評価すべき」という証拠でしょう。

2020年に204勝をあげ、ダントツのリーディング首位を獲得したC・ルメール騎手の単勝回収率は74・7％。つまり全騎手の平均を下回っており、これほどの名手でも簡単に言ってしまえば「過剰人気」の騎手ということになります。騎乗数が多く勝ち鞍が多い騎手ほど、厳密に取捨や上げ下げを検討しないと、常に買い続けていては損をするという典型的な結果です。競馬において騎手は重要な要素ですし「騎手で勝った」と言えるレースもありますが、それでも騎手を盲信し過ぎる馬券の買い方は決してお勧めしません。

表1 2020年秋華賞の上位馬と騎手(リーディング順位)

着	馬名	タイム	着差	通過1	上り3F	人気	単オッズ	騎手
1	7⑬デアリングタクト	2.00.6		13-13-8-5	35.8	1	1.4	松山弘平(4位)
2	6⑫マジックキャッスル	2.00.8	1 1/4	11-11-11-13	35.8	10	56.9	大野拓弥(33位)
3	4⑧ソフトフルート	2.00.9	3/4	18-18-18-12	35.7	9	54.7	藤岡康太(21位)
4	8⑯パラスアテナ	2.00.9	ハナ	15-15-15-5	35.8	12	81.1	坂井瑠星(27位)
5	7⑮ミスニューヨーク	2.01.5	3 1/2	7-8-8-15	36.7	16	197	長岡禎仁(103位)

表2 カレンブーケドールのクイーンC以降の成績と騎手(リーディング順位)

日付	レース名	距離馬場	馬番	人気	着順	斤量	タイム	通過順	上り	騎手	
201227	有馬記念GⅠ	芝25良	10	3	5	55	2.35.6	8-5-3-3	36.8	池添謙一	18位/GⅠ・26勝
201129	JCGⅠ	芝24良	1	5	4	55	2.23.2	7-8-7-6	34.8	津村明秀	36位/GⅠ・0勝
200927	オールカマーGⅡ	芝22稍	8	2	2	54	2.15.5	3-3-2-2	35.1	津村明秀	
200216	京都記念GⅡ	芝22重	1	2	2	53	2.16.8	8-8-7-5	35.9	津村明秀	
191124	JCGⅠ	芝24重	1	5	2	53	2.26.0	4-4-3-2	36.9	津村明秀	29位/GⅠ・0勝
191013	秋華賞GⅠ	芝20稍	8	2	2	55	2.00.2	6-8-8-7	36.2	津村明秀	
190907	紫苑SGⅢ	芝20良	14	1	3	54	1.58.4	2-2-2-2	34.0	津村明秀	
190519	優駿牝馬GⅠ	芝24良	10	12	2	55	2.22.8	4-4-4-4	35.1	津村明秀	
190428	スイートピーS	芝18良	6	2	1	54	1.47.7	7-4-3	33.1	津村明秀	
190211	クイーンCGⅢ	芝16良	7	4	4	54	1.34.4	4-4	33.6	戸崎圭太	5位/GⅠ・16勝

表3 2020年リーディング上位騎手成績

順位	名前	成績	勝率	連対率	単回収値
1位	C.ルメール	204-137-85-355	26.1%	43.7%	74
2位	川田将雅	167-111-62-254	28.1%	46.8%	85
3位	福永祐一	134-91-85-388	19.2%	32.2%	92
4位	松山弘平	127-86-92-613	13.8%	23.2%	87
5位	武豊	115-103-60-389	17.2%	32.7%	72

遺言
6

芝は多彩　ダートは単純

芝の方が決まり手のバリエーション豊かだから「展開」「騎手」の要素が大きくなる

多くの人が漠然と「ダートのレースは先行有利」というイメージは持っていると思いますが、そのイメージに偽りはありません。実際に連対馬の脚質のシェアを見れば、総じてダートの方が「前が有利」で、これと比較すると芝は差し・追い込みの比率が少し高まります（一部ハイペースになりやすく芝と同程度に差しが利くダートコースもありますが、その大半が「芝スタート」のコースです）。

先行有利の理由の第一は、「ダートでは他馬の後ろを走ると、砂を被ることによるロスが大きい」ということ。そして「ダートでは一歩ごとに沈みこむトラックが加速の邪魔になるのでトップスピードが遅く、芝に比べて溜めて弾ける度合いが低い」「全競馬場で芝より内側にダートコースがあるので、総じてラストの直線が短い」という2つの要素により、後方から差せる範囲が芝の方が大きくなります。

これによって予想にも大きな影響が出ます。「ダートではパワーを／芝ではスピードを」競う度合いが高いので、特にトップスピードが重要な差し・追い込み馬が飛んで来る展開になるかどうかで芝のレースの決着は大きく変化します。言い換えると、ダートでは強い馬はどんな展開でも自分のペースを守って脚を使い切れば結果が出やすいですが、芝では極限のスピードが出せる条件が限られてくるので、得意な展開にならないと勝ち切れないという馬が多くなるということです。

これを掘り下げると、能力を出し切れる展開を作る／位置取りに導くことができる騎手の手腕が、特に芝で重要になるということ。【遺言5】で「騎手0」とは言いましたが、リーディング上位騎手がミスをしてマイナスになりづらいのが芝のレースなのです。極めて簡略化して言えば、**「強い馬が勝ちやすいのはダート、上手い騎手が勝ちやすいのは芝」**ということになります。

遺言 6

芝は多彩　ダートは単純

芝でトップジョッキーに期待することよりダートで騎手を過信しないことが重賞

左ページの表は、芝・ダートそれぞれの全レースで、近5年間のリーディング上位騎手が全体の勝ち鞍（1着数）・馬券圏内（1〜3着数）のうち何％を占めているかを集計したものです。2016〜2020年トータルのリーディング上位5人は「C・ルメール、戸崎圭太、川田将雅、M・デムーロ、福永祐一」の5騎手ですが、この5人で8000ほどある芝のレースのうちなんと2000勝以上をあげています。これに対してダートでこの5人があげた勝ち星は8000（芝とダートのレース数はほぼ同じ）のうち1300程度に留まっており、騎乗数の差はあるにしても明確な差ができています。ちなみにその騎乗数の差を考慮して5人合計の勝率で比べても「芝：20・3％」「ダート：18・5％」なので、やはりどの切り口でも「芝の方がトップジョッキーが勝ちやすい」ということになっています。トップ5人が芝で勝っているならば、どこかにダートを得意にする層があってもおかしくないのですが、表のとおりトップ10人で切っても15人で切っても、また「勝ち鞍」で比べても「馬券圏内」で比べても、芝レースに上位騎手の優位があるので、やはり「芝の決着の多彩さこそが騎手の技術を反映させる」という推論は正しいのではないでしょうか。

この状況を馬券にどう活かすかですが、「ダートより芝レースの予想で騎手の要素を意識する度合いを上げる」といってもそのさじ加減は難しいので、むしろ**「ダート戦で騎手の要素を意識しすぎない」**ということを推奨します。特にダートでは名手が腕っぷしで持って来るレースが多い印象もありますが、実際はそれほど「勝ちまくってはいない」というのがこのデータなのです。すなわちダートに関しては、細かい傾向を馬券に活かすというよりも、騎手の要素を軽視して〝馬本位〟の予想をするのが本筋だと提唱します。

「ダートに比べて圧倒的に芝の勝率が高いのはルメールと福永」「地方出身の戸崎・岩田康・内田はイメージどおり芝よりもダートの方が勝率が高い」「武豊・幸・三浦というソフトに乗るイメージがある騎手が意外とダートの方が勝率が高い」などのデータは有用ではありますが、これも得意な方を積極的に買い要素にするというよりは「福永の天才的な位置取りの上手さは芝でこそ、ダートでは信頼度は大きく下がる」など、過信しないための〝ストッパー〟として考えてください。

リーディング上位騎手の、全レースに対する勝利数・馬券圏内数の占有率

リーディング上位		芝勝率		芝複勝率		ダート勝率		ダート複勝率	
1	C.ルメール	27.1%	上位5人 2001勝 24.6%	57.0%	上位5人 4725馬券内 19.4%	23.4%	上位5人 1320勝 16.4%	51.7%	上位5人 3164馬券内 13.1%
2	戸崎圭太	15.5%		42.1%		17.1%		39.7%	
3	川田将雅	21.1%		50.7%		20.3%		46.4%	
4	M.デムーロ	20.1%		46.7%		18.8%		44.4%	
5	福永祐一	17.9%		44.0%		13.2%		35.8%	
6	武豊	13.7%	上位10人 2943勝 36.2%	37.3%	上位10人 7595馬券内 31.2%	15.4%	上位10人 2303勝 28.7%	41.6%	上位10人 5975馬券内 24.8%
7	田辺裕信	11.3%		31.6%		11.8%		33.4%	
8	松山弘平	8.8%		25.5%		9.8%		28.1%	
9	和田竜二	7.8%		26.0%		8.0%		26.5%	
10	岩田康誠	7.5%		28.2%		10.7%		31.8%	
11	北村友一	11.6%	上位15人 3717勝 45.7%	32.5%	上位15人 9923馬券内 39.8%	9.5%	上位15人 3077勝 38.3%	29.4%	上位15人 8247馬券内 34.3%
12	内田博幸	7.2%		21.3%		8.7%		25.0%	
13	吉田隼人	10.1%		26.8%		8.5%		24.7%	
14	幸英明	5.8%		21.1%		8.0%		25.0%	
15	三浦皇成	8.3%		27.5%		11.0%		29.8%	

遺言
7

「逃げるは馬券の役に立つ」過去と未来、両方を修正せよ

逃げた過去実績は評価を下げ
逃げられる未来予想は評価を上げる

話は前後しますが、129ページに掲載している各カテゴリーの連対馬脚質の表で、ある重大な真実がわかります。それは「逃げ」が圧倒的に有利な戦法であること。

というのも、この表のベースになっている「JRA−VAN」に於ける脚質の分類は「頭数を3で割って4角の通過順で3つのグループに分け、前から1・2・3番目のグループをそれぞれ『先行』『差し』『追い込み』と分類する、但し2角・3角・4角のいずれかで先頭に立った馬を『逃げ』とする（特例として2・3角で3番目のグループにいて4角で1番目のグループにいる馬は『マクリ』とする）」というもの。つまり道中で先頭が入れ替わらないレースの場合、15頭立てのレースでは『逃げ』『先行』『差し』『追い込み』がそれぞれ1・4・5・5頭ずついる計算になります。道中で先頭が入れ替わったり先頭を2頭が並走している場合でも、逃げは基本的に最大2頭まで（複雑な展開で3〜4頭の場合も存在しますが極めて稀です）。つまり分類上は1割以下しか存在しないはずなのに、連対脚質のシェアでは軒並み1割以上、場合によっては2割を超えているのが『逃げ』なのです。

競馬予想をする際は逃げる馬を予測するのは必須で、仮に逃げたい馬が1頭ならばその馬が実力より恵まれることは想定するべき…というのは、競馬を嗜む方ならば当然知っているでしょう。それだけでなく、**過去のレースの分析においても「単騎逃げで実力より恵まれた結果」の着順を過大評価しない**ことが重要なのです。例えば馬柱に同じ「このクラスでの0・3秒差3着」がある2頭がいて、片方が単騎逃げ・片方が差してのものならば、今回単騎逃げの保証がないぶん前者の方が好走の再現性が低い＝評価を下げる、というのが基本になります。

単騎逃げは〝ドーピング〟強敵相手の好走でも過大評価しない

逃げの有利さは、「常にコースロスがなく走破距離が短くて済む」「馬場が荒れて来た場合も最も良いところを選んで走れる」「前を行く馬が蹴り上げる芝や砂を浴びるストレスがない」「前の馬の挙動によって進路を塞がれるリスクがない」など、明確に言語化できる物理的なものだけでも複数の要素が挙げられます。もちろん道中から並び掛けられて自分のペースで走れない大きなロスが発生する場合はありますし、馬には前の馬に並び掛けようとする本能があるので展開によっては差す側に「追う者の強み」がある場合もありますが、それでも前述の物理的に確実な有利さは動かし難く、意味が大きいのは意識しておくべきです。

２０１9年札幌記念（GⅡ）は、中盤速い締まった流れで、道中8～10番手というやや後方に位置取った馬が1・3・5着を占める典型的な差し決着でしたが、そんななかで好位から4着したワグネリアンはその後天皇賞秋（GⅠ）5着・ジャパンC（GⅠ）3着と大活躍。それより前から7着のクロコスミアも、府中牝馬S（GⅡ）5着を経てエリザベス女王杯（GⅠ）で2着と激走しました。ならば逃げて6着のエイシンティンクルはもっと期待できそうでしたが、クロコスミアと同じ府中牝馬Sで13着と惨敗、その後はOPでも馬券に絡めないまま現役を引退しました。この例の場合は各馬の臨戦過程や仕上がりの差などの要素もありますが、それでも単騎逃げという〝ドーピング〟を過大評価してしまえば、「GⅠ級相手によく粘った実績」からその後のレースで結果的に馬券に余計な買い目を増やしてしまうことになりかねない、というのは理解できると思います。

２０１9年阪神C（GⅡ）は、中団差し馬が1・2着、道中11番手以降の後方差し～追い込み馬が4・5・6着で、逃げた馬は16着という典型的な〝前潰れ〟のレース。ここで2番手から3着したメイショウショウブは馬柱的には「逃げ」ではありませんが、しかし道中は外を走る逃げ馬とほぼ並走して終始内ラチ沿いを走っていました。つまり前に馬がいない状態でコースロスが全くないレースをできたので、冒頭で挙げた「逃げ」の有利さのほとんどを享受できた＝ほぼ〝ドーピング〟と解釈できます。実際この馬はGⅡで馬券に絡んだにも関わらずその後GⅢでも全て大敗、レースをしっかり見てこういう馬を「買わない」のも馬券術の一つです。

表1 2019年札幌記念(GⅡ)出走馬のその後

着順	馬名	通過順	次走	2走後	3走後
1着	1 ① ブラストワンピース	9-9-8-6	凱旋門賞(GI) 11着	AJCC(GⅡ) 1着	大阪杯(GI) 7着
2着	6 ⑩ サングレーザー	3-3-4-2	このレースを最後に現役引退		
3着	6 ⑨ フィエールマン	9-9-10-9	凱旋門賞(GI) 12着	有馬記念(GI) 4着	天皇賞春(GI) 1着
4着	7 ⑫ ワグネリアン	4-4-3-2	天皇賞秋(GI) 5着	ジャパンC(GI) 3着	大阪杯(GI) 5着
5着	7 ⑪ ペルシアンナイト	8-7-7-5	毎日王冠(GⅡ) 4着	マイルCS(GI) 3着	香港マイル(GI) 5着
6着	5 ⑦ エイシンティンクル	1-1-1-1	府中牝馬S(GⅡ) 13着	オーロC(OP・L) 5着	タンザナイトS(OP) 5着
7着	8 ⑭ クロコスミア	2-2-2-2	府中牝馬S(GⅡ) 5着	エリザベス女王(GI) 2着	有馬記念(GI) 16着

表2 2019年阪神C(GⅡ)出走馬のその後

着順	馬名	通過順	次走	2走後	3走後
1着	3 ⑤ グランアレグリア	8-8	高松宮記念(GI) 2着	安田記念(GI) 1着	スプリンターズS(GI) 1着
2着	5 ⑩ フィアーノロマーノ	8-8	阪急杯(GⅢ) 2着	函館SS(GⅢ) 4着	キーンランドC(GⅢ) 10着
3着	3 ⑥ メイショウショウブ	2-2	京都金杯(GⅢ) 16着	京都牝馬S(GⅢ) 11着	ポラリスS(OP) 15着
4着	1 ② レッツゴードンキ	11-11	このレースを最後に現役引退		
5着	2 ③ ノーワン	14-13	京都牝馬S(GⅢ) 15着	東風S(OP・L) 13着	阪神牝馬S(GⅡ) 13着
6着	2 ④ レインボーフラッグ	17-18	洛陽S(OP・L) 8着	阪急杯(GⅢ) 8着	欅S(OP) 15着

遺言

8

短距離の展開は馬が、長距離の展開は騎手が作る

短距離で逃げられるのは限られた馬だけ長距離では逃げるかどうかは作戦の範疇

競走馬の資質とは、生まれ持った素質が牧場・厩舎（トレセン）・外厩などでのトレーニングで成長し、そして実際のレースで磨かれていくもの。「2000mのレースを1分56秒台で走る」のは、その全てを通じて心技体が完成した一部の馬にだけ許されたパフォーマンスなのです。

同様に「テン（スタート直後）の3ハロン（600m）を32秒台で走る」「上がり（ゴール前ラスト）の3ハロンを32秒台で走る」など、レース内の一定区間においても極限の数値を出すには特定の資質が必要で、全馬ができることではありません。つまり、【遺言7】で「逃げ」の有利さを書きましたが、短距離でハナを切る（逃げる）ための資質を持っているのは限られた馬だけということになります。

これに対して、中長距離ではテン32秒台というラップで入って逃げ切れる馬なんていませんので、逃げ馬でもラストに脚を残すようにコントロールしてダッシュすることになります。例えば天皇賞・春のテン3Fの平均ラップは「36・5」（2016～2020年）で、スタート後にこの程度のダッシュができる馬は、未勝利クラスにもゴロゴロいます。つまり長距離戦では、レースの結果を考えずにとにかくハナを奪うだけならばほとんどの馬がGIでも可能で、それをせずに「折り合いをつける」のは騎手の技術や戦略（+トレセンでの訓練や陣営からの指示）ということなのです。

もちろん短距離戦でも、ハナを切るために騎手が叩いたり押したりという要素はありますが、それでも本当にハナを切れる能力がある馬は限られています。単純化すれば、レース結果に影響する割合は「距離が短いほど馬の資質の影響が強く、距離が長いほど騎手の技術や戦略の影響が強くなる」ということ。「長距離は騎手の腕が出る」とよく言われますが、こういう仕組みなのです。

長距離ほど上位騎手が活躍
特に芝の方がその傾向は顕著

左ページの［表1～5］は、芝の短・中・長距離、ダートの短・中長距離それぞれの、近5年間のリーディング上位騎手とその勝率です。それぞれのカテゴリーでの上位騎手が、全体の勝ち鞍（1着数）・馬券圏内（1～3着数）のうち何%を占めているかも併せて集計していますが、これを比較すると、かなり明確な傾向があります。**【遺言6】**ではダートより芝の方が騎手の影響が強くなるデータを示しましたが、距離別に見ればレース距離が長いほど騎手の影響が強いことがわかるのです。

芝の場合は短距離より中距離が、中距離より長距離が上位騎手のシェアが高くなっており、これはまさに**「長距離戦の展開は騎手が作る」**のが表れたデータと言っていいでしょう。対してダートは総じて芝より上位騎手のシェアが低く、かつ短距離戦と中長距離戦が同程度の数値になっています。これはダート短距離には芝スタートでハイペースになりやすいコースが一定数含まれており、これらのコースは差しも効きやすいので〝多彩さ〟もあるということでしょう。つまり本来ならば距離が伸びた方が騎手の腕が出るはずが、ダートの場合は芝スタートのコースがそれを打ち消している状況だと解釈します。

まとめると「距離が延びるほど騎手の技術が介在しやすく、特に芝でその傾向が顕著になる」ということになりますが、これを馬券に落とし込むのはなかなか難しいミッションになります。というのも騎手の技術は数値化できるものではなく、長距離ほど名手が活躍すると言われても誰がそれに該当するのかを見極めるのがまず難しいのですから、予想に役立てるのは至難のワザなのです。結局有効な考え方としては**「短距離ほど騎手の技術が関係なくなるので、馬本位で予想を詰めやすい」**ということに辿り着きます。私はふだん「ダート短距離の下級条件」を買うことがとても多いのですが、これは多様性がなく騎手の技術が介在しづらいので予想がシンプルになるから、というのが最大の理由です。

逆に芝の中長距離戦は「騎手が展開を作る」ぶんリーディング上位騎手の成績が良くなる反面、騎手がミスをすると大きくパフォーマンスを落とす可能性があります。特に少頭数の芝の中長距離戦はそういう〝紛れ〟が起こりやすいのに、少頭数ゆえにオッズもあまりつかないので、ハッキリ言えば「買わない」か「思い切って妙味に寄せたギャンブルをする」のがオススメとなります。

リーディング上位騎手の、芝ダート距離別・勝利数の占有率

芝短距離（〜1600m）

リーディング上位		勝率	
1	C.ルメール	25.8%	上位5人 944勝 22.4%
2	福永祐一	18.6%	
3	川田将雅	20.1%	
4	M.デムーロ	17.5%	
5	戸崎圭太	14.3%	
6	武豊	13.7%	上位10人 1399勝 33.1%
7	田辺裕信	12.2%	
8	北村友一	11.2%	
9	松山弘平	9.0%	
10	和田竜二	7.7%	

芝中距離（1700〜2300m）

リーディング上位		勝率	
1	C.ルメール	26.8%	上位5人 933勝 26.3%
2	M.デムーロ	22.5%	
3	川田将雅	23.0%	
4	戸崎圭太	15.8%	
5	福永祐一	17.3%	
6	武豊	14.0%	上位10人 1388勝 39.2%
7	北村友一	13.8%	
8	吉田隼人	10.9%	
9	田辺裕信	10.1%	
10	池添謙一	11.2%	

芝長距離（2400m〜）

リーディング上位		勝率	
1	C.ルメール	32.5%	上位5人 178勝 29.2%
2	M.デムーロ	18.2%	
3	戸崎圭太	16.8%	
4	福永祐一	16.3%	
5	川田将雅	18.3%	
6	武豊	15.3%	上位10人 257勝 42.2%
7	吉田隼人	12.6%	
8	石橋脩	12.5%	
9	岩田康誠	8.9%	
10	池添謙一	11.6%	

ダート短距離（〜1600m）

リーディング上位		勝率	
1	戸崎圭太	17.7%	上位5人 769勝 17.7%
2	C.ルメール	21.8%	
3	M.デムーロ	19.7%	
4	田辺裕信	12.1%	
5	川田将雅	20.8%	
6	内田博幸	8.8%	上位10人 1319勝 30.4%
7	松山弘平	10.7%	
8	三浦皇成	12.0%	
9	福永祐一	12.9%	
10	武豊	14.3%	

ダート中長距離（1700m〜）

リーディング上位		勝率	
1	C.ルメール	25.5%	上位5人 642勝 16.3%
2	川田将雅	20.2%	
3	戸崎圭太	15.8%	
4	岩田康誠	11.8%	
5	和田竜二	9.2%	
6	武豊	16.6%	上位10人 1123勝 28.5%
7	M.デムーロ	17.4%	
8	松山弘平	9.2%	
9	幸英明	8.1%	
10	福永祐一	13.9%	

馬券師・半笑いの遺言

CHAPTER 2

競馬場の特性を捉える格言12

遺言
9

「○○コース巧者」の理由、〝分解〟してその本質を見抜け

真の資質を〝ピース〟に分解すれば、再構成して別の〝パズル〟も組み立てられる

競走馬の適性を示すのに、「○○巧者」というような表現がありますが、これを構成する要素について詳しく考えてみたことはあるでしょうか？

例えば「中山巧者」という〝パズル〟完成のためには、**「(1)右回りのコーナーをスムーズに回れる」「(2)半径が大きくないコーナーで小出しに脚を使える」「(3)向こう正面の下り坂で上手く加速できる」「(4)ゴール前の短い直線でトップスピードに乗れる」「(5)ラストの急な上り坂で止まらず相対的に伸びる」**などの〝ピース〟が組み合わさっていますが、すべてのピースが完璧に揃っていることは稀です。どの要素が濃くてどの要素が薄いのか、パズルを〝分解〟して分析することが重要です。

競馬予想では「中山が得意」という〝パズル〟の完成に辿り着くのが目的なのに、なぜ一旦〝ピース〟に分解するのか？……それはピースを組み立て直せば、別の〝パズル〟を作れる可能性があるからです。例えば中山で常に好走する「中山巧者」が阪神内回りは得意だが中京は苦手にしているのであれば、「(1)右回り」「(4)ゴール前の短い直線」が重要なことが想定され、左回りの東京や、同じ阪神でも中京より更に直線長い阪神外回りは苦手なのではないかと推測できます。そしてこの馬が小倉でも好走していれば「(5)ラストの急な上り坂」以外の(1)～(4)が中山と重なるのでこなしていると想定できるので、「(3)向こう正面の下り坂」がない小倉以外のローカルでも人気になるならば、適性的に疑ってみてもいいかもしれません。

このように「○○巧者」「○○得意」という完成したパズルの絵をよく眺めて一旦ピースに分解することにより、再構成して新たな絵を描くのが、競馬予想の神髄だと考えます。

新潟・中京は直線長いがコーナー半径は小さい「小回り」

前ページで説明したようにパズルを分解して適性のピースを検証する際に、各競馬場の特性を知っておくのは必須条件ですが、意外と意識からこぼれがちな要素は存在します。

中央競馬のコースは全国10場。2001年に新潟に芝外回りと直線コースができ、2006年に阪神芝外回りコースができ、2012年に中京コースが大幅に直線が長くなる改修が行われ、全コースが現在の形になって十分な時間が経ちましたが、それでもまだまだコースの形態についての誤解があるように思います。

例えば日本一の直線の長さを誇る、新潟競馬場の芝外回りコース。設定されて20年近くが経ちましたが、現在でもこのコースを「大回りコース」と表現する専門家まている始末で、どうも特性を理解していない人もいるように思えます。というのもトラック1周の長さで言えばもっとも長いのですが、**コーナーの半径で言えばかなり小さく、カーブが急であるという意味では十分「小回り」の範疇**なのです。つまり外回りコースとしては唯一、競走馬の適性としての「小回り巧者」(コーナリングが上手な馬)が得意なコースと言っていいでしょう。

改修によって、ダートコースが東京競馬場に次ぐ2番目に長い直線となった中京競馬場。このため芝コースも直線が長いと思われがちですが、しかし新潟外回り・東京・阪神外回りに次ぐ4番目でしかありません。そして中京も芝・ダートともに、新潟と同じく「直線は長いがコーナーは小回り」なので、「小回り巧者」向きのコース。この点も相変わらず、勘違いが多く見られます。

そしてもう一つ見落としがちな適性に繋がるコースの特徴は、道中の「起伏」です。ラストに上り坂があるかないかは意識されやすいですが、各コース向正面にも特徴的な起伏があるので、これがレースの特性に関わってきます。具体的に言えば向正面に下り坂があると「短距離のテンが速くなる」「中距離の中盤が速くなる」など、ラップ構成が大きく違って来ますし、逆に上り坂があればここで加速するのが上手いタイプが相対的に大きな利を得ることがあります。次項以降で更に細かいコースの特性を説明して行きますが、まずは様々な"ピース"の特性があり、その組み合わせの結果として「コースの得意/不得意」という"パズル"が出来上がるのを意識しておいてください。

芝コースの特性

競馬場	ラストの直線	コーナー	向正面起伏	ラスト直線起伏
東 京	長(525.9m)	大	下り→上り→下り	上り→平坦
中 山	短(310m)	中	急な下り	急な上り
京都・内回り	短(328.4m)※	中	急な上り	平坦
京都・外回り	中(403.7m)※	中	急な上り	平坦
阪神・内回り	中(356.5m)※	中→大	穏やかな下り	下り→急な上り
阪神・外回り	長(473.6m)※	中→大	平坦	下り→急な上り
福 島	超短(292.0m)※	中	上り	下り→上り
新潟・内回り	中(358.7m)	小	平坦	平坦
新潟・外回り	長(658.7m)	小	上り	下り→平坦
新潟・直線	超長(1000m)	なし	―	上り→下り
中 京	中(412.5m)	小	上り→下り	急な上り
小 倉	超短(293m)	小	下り	平坦
札 幌	超短(266.1m)※	大	平坦	平坦
函 館	超短(262.1m)※	中	上り	下り

※Aコース使用時

ダートコースの特性

競馬場	ラストの直線	コーナー	向正面起伏	ラスト直線起伏
東 京	長(501.6m)	大	下り→上り→下り	上り→平坦
中 山	短(308m)	中	急な下り	急な上り
京 都	短(329.1m)	中	急な上り	平坦
阪 神	中(352.7m)	中→大	穏やかな下り	下り→急な上り
福 島	超短(295.7m)	中	上り	上り
新 潟	中(353.9m)	小	平坦	平坦
中 京	中(410.7m)	小	上り→下り	急な上り
小 倉	超短(291.3m)	小	下り	平坦
札 幌	超短(264.3m)	大	平坦	平坦
函 館	超短(260.3m)	中	上り	下り

遺言

10

競馬場には「2大グループ」がある

中山・阪神・中京の〝グループA〟函館・福島・新潟・京都の〝グループB〟

【遺言9】でコース適性を示す〝パーツ〟を列記しましたが、ある程度の指標の差があっても広い意味で「適性が似ている」のでまとめて把握できる競馬場のグループが2つあります。

1つ目は【中山・阪神・中京】の〝グループA〟。「向正面に下り坂を含んでいる」「ラストに急な上り坂を含んでいる」という点が最大の共通点で、これだけでかなり似通った適性が求められます。直線の長さも芝の阪神外回り（473m）を除けば、「芝：310～412m」「ダート：308～410m」と比較的狭い幅の間に収まっており特によく似ていますが、その中ではやはり「コーナーが小回り」「左回り」の中京はやや外れる場合があります。いずれにしても「向正面の下り坂でなし崩しに脚を使っても、ラストの急な上り坂で踏ん張れる底力が重要な舞台」ということになります。

もう一つは、【函館・福島・新潟・京都】の〝グループB〟。こちらはグループAとは逆に「向正面に上り坂を含んでいる」「ラストがほぼ平坦」という点が最大の共通点。コーナーが大きすぎないのも共通しており、直線の長さも新潟・京都の芝外回り（658m・403m）を除けば、「芝：262～358m」「ダート：260～353m」と極めて狭い範囲に収まっています。こちらは「カーブで器用に加速したうえで、短い直線でトップスピードに乗れる一瞬の脚が重要な舞台」といったところです。

いずれにも属さないのが、札幌・東京・小倉。札幌・小倉は「直線が短い」「ラスト平坦」なのは〝グループB〟に近く見えますが、札幌は終始平坦なうえにコーナー半径が極めて大きい異端のコース、小倉は「向正面の下り坂」が〝グループA〟とも似ているので適性的にミックスされた特殊なコース。そして東京はコーナー大回り&左回りで直線も長い、唯一無二のコースとなっています。

遺言10

二次元マッピングで特性を視覚的に把握 〝別次元〟のリンクにも注意せよ

全10場の芝・ダートコースを、それぞれ「直線の長さ」「ラストの直線の起伏」の〝二次元〟でマッピングしたものが、次ページの図となります。「2大グループ」はこのマッピングでも比較的近いうえに、ここでは割愛した向正面の起伏も共通しているのですから、要求される資質がかなり似ているのが理解できると思います。但しグループ内でも各場の外回りコースはそれぞれグループの集中域とは外れていて（特に新潟外回りは別グループと言っていいほど）、これも視覚的・感覚的に把握することができます。逆にこの指標だけならば、札幌・小倉は〝グループB〟のど真ん中に位置しているので「ローカル巧者」「平坦巧者」などの言葉でひとまとめにされることも多いですが、前述のとおり「コーナーの大きさ」「向正面の起伏」でかなり特徴的なので、適性が異なる〝異端〟として捉えておくのがおすすめです。

特に札幌競馬場は、芝・ダートともに1周のうち6割以上がカーブを回っているという競輪場のような形態の競馬場です。コーナー半径が大きいので特にコーナリングが上手い器用な馬が台頭するというよりも、コーナーで平均的に脚を使ったうえで直線でも止まらない長くいい脚＝持続力が要求される特性があり、意外にも東京や京都といった直線が長い競馬場にもリンクするのは面白い特徴です。札幌記念をステップに天皇賞を制したトーセンジョーダン・モーリス、クイーンS・秋華賞を連勝したアヴェンチュラ、札幌記念3着を経て菊花賞で2着した後に天皇賞春を制したレインボーライン、藻岩山特別圧勝から秋華賞2着したミッキーチャーム、変わり種では札幌日経OP2着の2か月後にジャパンCを制したスクリーンヒーローと、東京・京都のGIでの活躍馬を多数輩出しています。もちろんGII札幌記念を始めとする重要な位置づけのレースが多く行われることや、夏場に滞在しやすい気候なので関東・関西からハイレベルの出走馬が揃うという事情はありますが、大前提としてコース形態のせいで他のローカル競馬場とは違った適性が問われるのは間違いありません。

このように〝二次元〟マッピングだけでは看取しきれない適性のリンクも存在しますが、まずはこの図で各競馬場間の適性の〝距離感〟を頭に入れて競馬予想に臨んでみてください。きっと新聞の馬柱が違って見えるはずです。

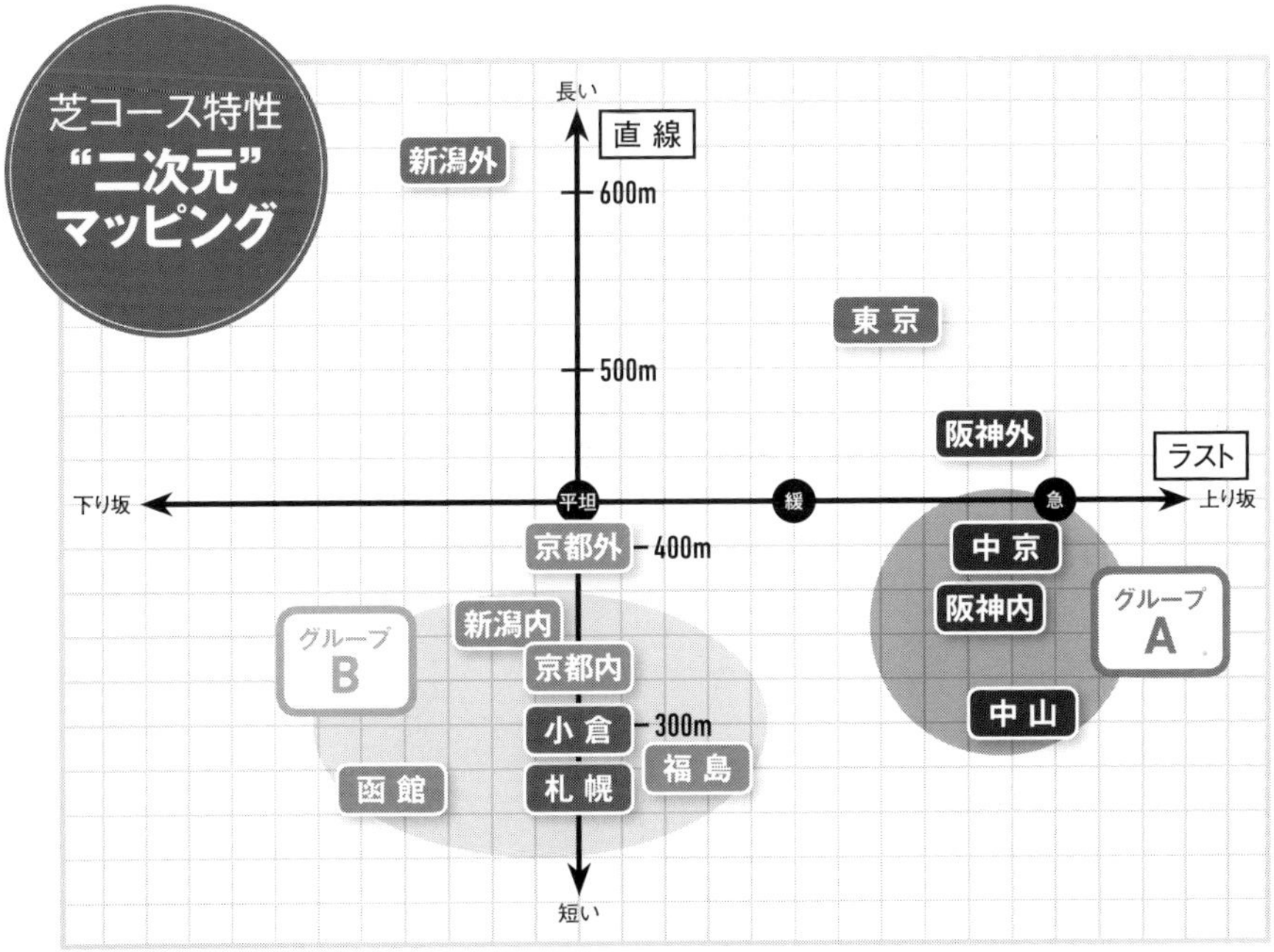
芝コース特性
“二次元”
マッピング
長い
直線
600m
500m
400m
300m
短い
下り坂
上り坂
平坦
緩
急
ラスト
新潟外
東京
阪神外
京都外
中京
阪神内
中山
グループ
A
グループ
B
新潟内
京都内
小倉
福島
函館
札幌

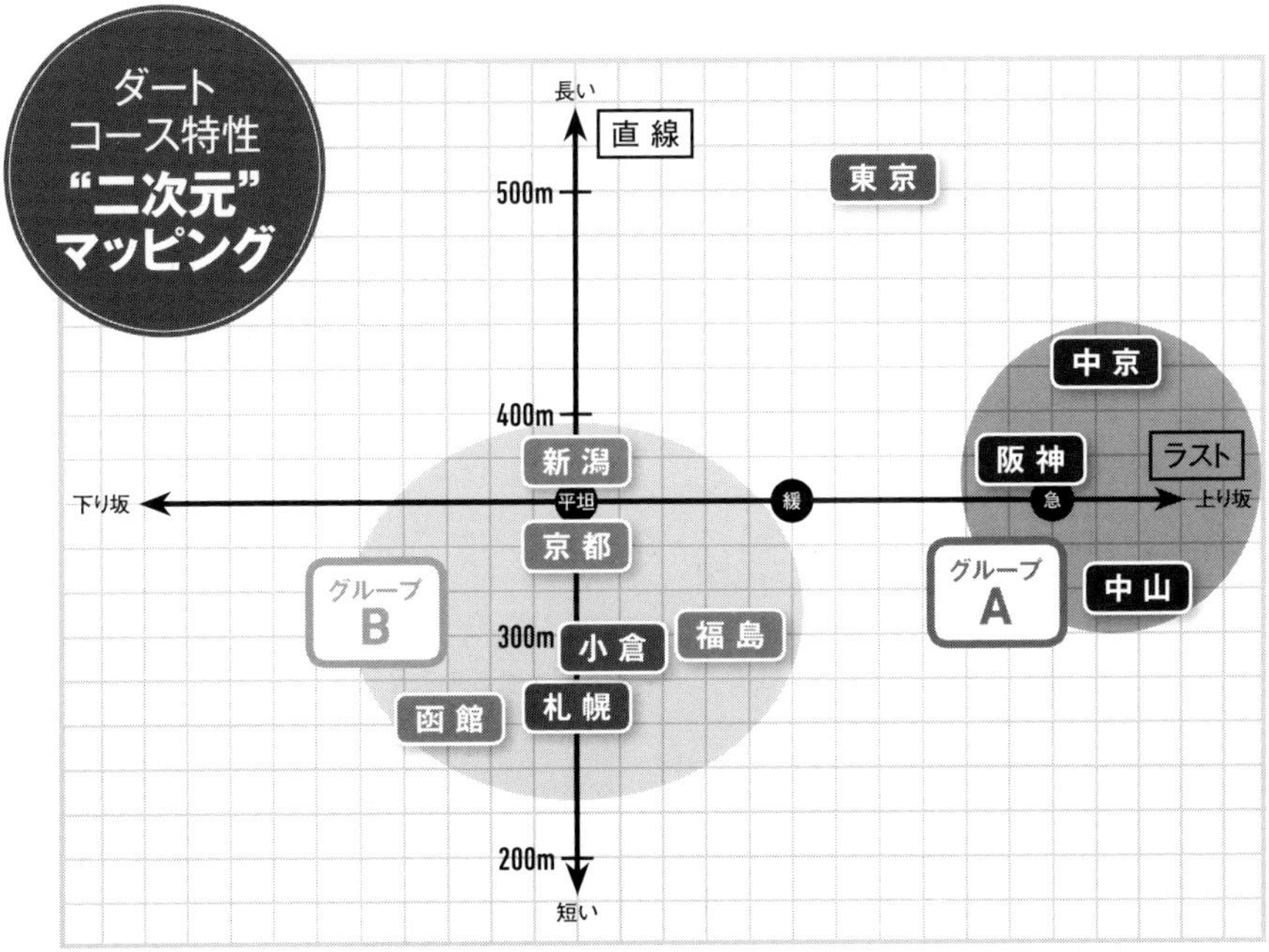
ダート
コース特性
“二次元”
マッピング
長い
直線
500m
400m
300m
200m
短い
下り坂
上り坂
平坦
緩
急
ラスト
東京
中京
阪神
中山
グループ
A
グループ
B
新潟
京都
小倉
福島
函館
札幌

遺言

11

1200m以下のスプリント戦は上がりよりテンの坂を重視すべし

テン下り坂の〝グループA〟＋小倉 テン上り坂・平坦の〝グループB〟＋札幌

スプリント戦と呼ばれる1200m以下のレースは、あらゆる競馬場で軒並み逃げ・先行が連対馬の6割以上を占めています。つまり序盤の位置取りがレースの結果に与える影響が大きいので、スタート直後にどれだけダッシュが効くかが重要な指標となります。

そのダッシュ力を測るのに、新聞の馬柱で過去のレースでの位置取りをチェックし、さらに逃げ／先行したレースのペース（「H＝ハイ・M＝ミドル・S＝スロー」という記号）や、テンのラップ（その馬自身のスタート直後の3ハロン＝600mの通過タイム）を見て判断する人も多いと思います。ただその際に、**テンの起伏**について気にする人は意外と少ないのではないでしょうか。

スプリント戦は新潟直線芝1000mを除くとすべてスタートが向正面になるので、この部分の起伏に注目すると逃げ・先行の価値の違いが分かります。例えば同じ「2勝クラス／1000万下（2016～2020年良馬場のみ）の平均テン3ハロンラップ」（次ページの表参照）で比較しても、テン下り坂の小倉芝1200m戦は「33・3」、テン上り坂の京都芝1200m戦は「34・2」と0・9秒の差があります。両コースともラスト平坦で先行有利なのでペースは上がってもおかしくないはずが、しかし京都だけが1秒近くも遅くなっているのは間違いなく「テンが上り坂だから」でしょう。

馬の脚の使い方の性質から、上り坂と下り坂のどちらで相対的に速いダッシュができるかは異なってくるので、今回「テン下り坂」ならば過去の「テン下り坂」コースでの位置取りを参考にするのが合理的です。【遺言10】のグループ分けは「テンの起伏」の分類でもあるので、スプリント戦では同グループ（小倉は〝グループA〟と同じ）での位置取りと結果を重視して、攻めの予想をしてみましょう。

重要なのはダッシュが得意なのが「テンに下り坂があるコースか否か」

左ページの表は、各競馬場の芝1200mの「テン（前半）3F」「上がり（後半）3F」の条件戦平均ラップの一覧です。**テン部分に下り坂を含むのが〝グループA〟（中山・阪神・中京）＋小倉、含まないのが〝グループB〟（京都・函館・福島・新潟）＋札幌**ですが、それぞれのラップに特徴があるのがわかるでしょうか？

全コース条件戦の芝1200mは「テン34秒前後／上がり35秒弱／計1分9秒程度」ですが、そのなかで「ラスト急坂があるコース／直線長いコースは最後に脚を残したいのでテンは少し抑えて入りたい」という戦略の要素が加わり、さらに「テンが下り坂の方がダッシュは効きやすい」という能力のバイアスがかかります。一番テンが速くなるのが「ラストが平坦で直線短いのでテンから飛ばしたい」「テン下り坂なのでダッシュが効きやすい」と両方の要素が揃った小倉。テン下り坂の〝グループA〟でも中山は「ラストの急坂」があるので小倉より少しテンが遅くなり、阪神・中京は「ラストの急坂＋小倉・中山よりは長い直線」があるのでさらにテンが遅くなる、という戦略面の影響を受けています。対して〝グループB〟の函館・福島はラストの直線がほぼ平坦（函館に関しては下り坂）で短いので戦略面からは当然テンが速くなりますが、しかし「テン上り坂」があるので小倉ほどではない、という水準です。もっともテンが遅いのは京都と新潟で、ともに「そこそこラストの直線が長い」という戦略面と「テンに下り坂がない（新潟内回りはほぼ平坦）」という能力面の、両方の影響を受けています。

まずは細かいラップの違いはさておき**「過去逃げ／先行しているのが、テンに下り坂があるコースか否か」**を見分けて、どちらでよりダッシュが効きやすいタイプなのかを見抜いてください。JRAの芝1200mGⅠ・GⅡはすべてテンに下り坂の〝グループA〟コースで行われていますが、その前哨戦には〝グループB〟の京都や平坦な札幌が選ばれることも多いので、その適性を見抜くことによって大胆に評価を上げ下げできます。

さらに進んだテクニックとして、逃げ・先行馬が「この表の数値（クラスの平均値）と比べて、どれだけ速いか／遅いか」を比較することによって、過去の好走に本当の価値があるかどうか「真の先行力」を判断することができますが、その際にも同じカテゴリーでの「先行力」を重視することで、評価にメリハリが付けられるのです。

芝1200mコースの条件戦平均ラップ
（良馬場のみ）

テンに下り坂を含むコース
（“グループA”＋小倉）

競馬場	クラス	前3F	後3F	全体時計
中山	3歳未勝利	-	-	-
中山	古馬1勝クラス	33.7	34.9	1.08.66
中山	2勝クラス	34.0	34.7	1.08.71
中山	3勝クラス	33.6	34.8	1.08.40
阪神 内回り	3歳未勝利	34.3	35.0	1.09.28
阪神 内回り	古馬1勝クラス	34.2	34.5	1.08.72
阪神 内回り	2勝クラス	34.0	34.6	1.08.66
阪神 内回り	3勝クラス	34.1	34.4	1.08.54
中京	3歳未勝利	34.1	35.2	1.09.25
中京	古馬1勝クラス	34.1	34.6	1.08.73
中京	2勝クラス	34.2	34.2	1.08.34
中京	3勝クラス	34.0	34.2	1.08.13
小倉	3歳未勝利	33.5	35.4	1.08.87
小倉	古馬1勝クラス	33.5	34.9	1.08.39
小倉	2勝クラス	33.3	34.7	1.08.03
小倉	3勝クラス	33.3	34.6	1.07.87

（3F=3ハロン=600m）

テンに下り坂を含まないコース
（“グループB”＋札幌）

競馬場	クラス	前3F	後3F	全体時計
京都 内回り	3歳未勝利	34.4	34.6	1.09.02
京都 内回り	古馬1勝クラス	34.4	34.4	1.08.76
京都 内回り	2勝クラス	34.2	34.5	1.08.72
京都 内回り	3勝クラス	34.2	34.5	1.08.65
函館	3歳未勝利	34.0	35.4	1.09.37
函館	古馬1勝クラス	33.9	35.0	1.08.98
函館	2勝クラス	33.7	35.1	1.08.76
函館	3勝クラス	33.7	34.7	1.08.37
福島	3歳未勝利	34.3	35.7	1.09.91
福島	古馬1勝クラス	34.1	35.2	1.09.26
福島	2勝クラス	33.7	35.0	1.08.70
福島	3勝クラス	33.6	34.7	1.08.31
新潟 内回り	3歳未勝利	34.2	35.3	1.09.45
新潟 内回り	古馬1勝クラス	34.2	35.0	1.09.20
新潟 内回り	2勝クラス	34.2	34.6	1.08.87
新潟 内回り	3勝クラス	34.7	34.4	1.09.10
札幌	3歳未勝利	34.3	35.4	1.09.61
札幌	古馬1勝クラス	34.0	35.2	1.09.23
札幌	2勝クラス	34.2	34.9	1.09.12
札幌	3勝クラス	34.0	34.3	1.08.30

遺言

12

「芝1400m」をひとまとめにする人は負け組

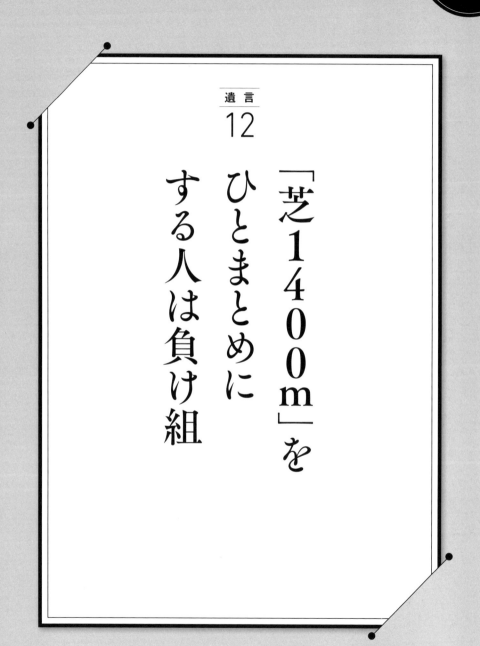

5コースすべて個性的 バラバラの特性を持っている

芝１４００ｍのコースは、東京・京都・阪神・中京・新潟の5つだけ。それゆえ予想においては距離適性を重視しがちですが、実はこの5場の芝１４００ｍは問われる適性がバラバラです。この点をしっかり意識して**〝ひとまとめ〟にしない**ことによって、メリハリのある予想で妙味を追うことができます。

【遺言9】で示した特性の〝ピース〟や**【遺言10】**で示したマッピング図で、各競馬場の適性がバラバラであることは理解できたと思いますが、なかでも芝１４００ｍのコースは「5者5様」とも言うべき個性が際立ったコース。「直線の長さ」と「ラストの直線の起伏」だけの〝二次元〟マッピングでは「京都外回りと新潟内回り」「阪神内回りと中京」がそれぞれやや近いですが、しかし新潟内回りと中京は「左回り」で「コーナー小回り」、京都外回りと阪神内回りは「右回り」で「コーナーは中程度」と大きな違いがあります。結局すべてのコースが、異なった特性を持っていることになるのです。

さらにテンの起伏やコーナーまでの距離がバラバラなので短距離戦で特に重要な序盤の流れに差がありますし、コーナーの右／左回りや大きさが異なるので道中の追走や脚の使い方も違いますし、ラストの直線の長さや起伏の差異のために末脚の伸びにも適性によって大きな差が出ます。つまり芝１４００ｍ戦の予想をする場合、前走で他の競馬場の芝１４００ｍ戦で着外に飛んでも、今回と同じコースで好走した実績があれば無視できない、場合によっては主力視しても良い、ということになります。

「芝１４００ｍは競馬場によって適性が全くバラバラ」ということを意識していないと、〝適性〟が違う別コースでの惨敗を「上位馬との勝負付けが済んでしまった」という〝能力〟の問題や「状態が悪い」という〝調子〟の問題だと誤解してしまう場合があるので、特に注意して臨んでみてください。

「芝1400のバラバラさ」を知らなければ好調な馬も不調に見える

ヤマカツグレースという馬は、3歳春のGⅡフィリーズレビュー（阪神内1400m）で、11番人気ながら5着と健闘。その後も阪神内回り1400m戦だけを見ると、翌年の春に大阪ハンブルクCを9番人気で1着、同年秋の仲秋Sで7番人気4着、暮れにファイナルSで4番人気2着、そして更に翌年の大阪ハンブルクCでも6番人気で2着と、常に好走しました。京都外回り1400m戦ではファンタジーS9着以降、準OPを5回走っていますがこちらは5・7・6・15・13着と全て完敗、極めてわかりやすい得意／不得意がある馬でした。二度目の大阪ハンブルクCでの2着以降に11戦しましたが、驚くべきことに大得意の阪神内回り1400m戦を一度も使わずに故障して引退してしまいました。たまたま得意条件のレースが行われる時に体調的に振るわなかったのかもしれませんし、陣営には様々な意図があるでしょうから真相はわかりませんが、事実としてこれほど得意な舞台をなかなか使わないぐらいなのですから、適性に関しては厩舎コメントや取材情報を信頼し過ぎず、ただただ冷静に過去のレースを見て分析するべきだという教訓でしょう。

二度目の大阪ハンブルクCの日に、競馬好きの友人とたまたま話をしていて「最近馬券の調子良いらしいね、今日のレースでいい馬がいたら教えてくださいよ」と聞かれたので、自信を持ってヤマカツグレースをすすめてみたところ「いやいや、この馬どう見ても調子悪いでしょ」と怒られてしまいました。確かにこの時点での新聞の馬柱を見れば前4戦全部1400m戦で5・2・7・6着ですから、距離と着順だけで判断すれば〝調子がどんどん悪くなっている〟ように見えても仕方がありません。しかし「芝1400mで問われる適性のバラバラさ」を意識していれば、得意の阪神で2着して、その前後に不得意の京都でも5・7・6着と大崩れしていないのですから、むしろ好調と判断することすら可能ではないでしょうか。

この馬の場合は極めてわかりやすい戦績でしたが、得意の阪神での好走が先行・差し・追い込みと様々な位置取りだったのも好材料でした。例えば「逃げないとダメ」なタイプならばコースよりも展開の影響が大きいので、自在なタイプの方がコース適性本位で好走できる可能性は高くなります。

各競馬場の芝1400mコースの特性一覧

	回り	スタートから最初のコーナーまでの距離	向正面（レース序盤）の起伏	コーナーの大きさ	ラストの直線（レース終盤）の起伏	ラストの直線の長さ
東　京	左	350m	下り→上り→下り	大	上り→平坦	525m
京都外	右	200m	急な上り	中	平坦	403m
阪神内	右	443m	緩やかな上り→緩やかな下り	中～大	下り→急な上り	356m
中　京	左	500m	上り→下り	小	急な上り	412m
新潟内	左	648m	僅かな上り	小	平坦	358m

ヤマカツグレース

	レース名	コース・馬場	頭数	枠	馬	人気	着順	斤量	タイム	着差	通過順	上り
2018. 2.11	初音S1600	東芝1800良	16	2	3	10	9	54	1.47.8	0.5	2-3-2	34.5
2018. 3. 4	武庫川S1600	阪芝1600良	10	5	5	3	4	53	1.34.0	0.4	2-2	34.2
2018. 4. 8	大阪ーハンブルクC1600	阪芝1400良	18	2	4	9	1	53	1.21.1	0.0	13-13	34.5
2018. 5. 6	鞍馬SOP	京芝1200良	15	7	12	3	14	54	1.09.2	1.2	5-7	34.3
2018. 6.30	TVh杯1600	函芝1200稍	14	5	8	8	13	55	1.09.7	1.1	4-5	35.2
2018. 7.21	函館日刊SP杯1600	函芝1200良	16	3	5	11	13	55	1.09.5	1.1	10-10	34.5
2018. 9.17	仲秋S1600	阪芝1400良	13	2	2	7	4	54	1.20.7	0.4	6-5	34.0
2018.10. 2	道頓堀S1600	阪芝1200良	9	6	6	6	5	55	1.09.4	0.2	8-6	34.4
2018.11.25	渡月橋S1600	京芝1400良	14	4	5	11	5	55	1.21.3	0.3	5-5	33.8
2018.12.28	ファイナルS1600	阪芝1400良	18	3	5	4	2	54	1.21.6	0.2	8-8	35.4
2019. 1.20	石清水S1600	京芝1400稍	14	8	13	8	7	55	1.22.9	0.7	7-7	35.6
2019. 2.17	斑鳩S1600	京芝1400良	7	2	2	5	6	55	1.23.0	0.8	3-2	34.7
2019. 4. 7	大阪ーハンブルクC1600	阪芝1400良	12	1	1	6	2	54	1.20.6	0.1	6-5	35.2

※4歳～5歳大阪ーハンブルクC

遺言

13

ダート1200m以下は「何が逃げるか」が最重要ポイント

「テンの起伏」「スタートの芝／ダート」「距離」で修正し、〝真の先行力〟を測るべし

芝スプリント戦では逃げ・先行が有利なので位置取りの想定が重要だと【遺言11】で説明しましたが、ダートのスプリント戦でももちろん同様、そのなかでも特に**「逃げ」をどの馬が選択できるのか**が重要になります。ダートでは一歩ごとに沈み込み後ろに砂を巻き上げるので、〝前に馬がいない〟ことの利は芝よりもさらに大きく、予想において最大のポイントと言っても過言ではありません。

どの馬が逃げるのか考察する際に、【遺言11】で示した「コース序盤の起伏」を意識するのは芝と同様ですが、それに加えてダート短距離戦では「スタート地点が芝か／ダートか」という要素もあります。前半下り坂を含むダートスプリント戦は、〝グループA〟（中山1200m・阪神1200m・中京1200m）＋小倉1000mの4コースですが、このなかで芝スタートは中山1200m戦のみ。前半上り坂～平坦は〝グループB〟（京都1200m・函館1000m・福島1150m・新潟1200m）＋札幌1000mの5コース（近年ほとんど施行がない福島1000mは割愛）ですが、こちらは福島1150m戦・新潟1200m戦が芝スタートとなっています。まずは「似た起伏＋同じスタート（芝／ダート）」での逃げ・先行実績を見て、そのうえでどの程度のペースで逃げているかを比べることになりますが、1000m戦は特にスタミナ切れの心配がないのでよりテンが速くなる傾向があります。

細かい平均ラップは次ページに掲載していますが、基本的には芝スタートの方がダートスタートより速く、そしてテン下り坂の方が上り坂より速くなります。よって1000m戦を除くと「芝スタート＋テン急な下り坂」の中山1200mがもっともテンが速く、「ダートスタート＋テン上り坂」の京都1200mがもっとも遅くなります。この差を修正して、**〝真の先行力〟**を比べてみましょう。

遺言 13

〝真の先行力〟がわかる「テンの価値」表
展開を見抜き、コース替わりも狙い撃て

左ページの［表1］は、ダート短距離戦の平均ラップ一覧です。芝よりもダートの方がより逃げる利が大きいので、特に1200m以下では戦略面よりも能力面の影響が大きくなっています。よって各コース固有の値を差し引いて修正することにより、テンのラップから〝真の先行力〟とも言うべき能力がある程度測れます。

古馬1勝クラスの平均値で、「34秒台前半」なのが函館・小倉の1000と中山1200。「34秒台後半」が札幌1000と福島1150と新潟1200です。そして「35秒台前半」が京都・阪神・中京の1200です。ちなみに1300以上は戦略面の影響が大きくなるので比較の際の重要度はやや下がりますが、同様に分類すると「34秒台後半」が阪神と中京の1400、「35秒台前半」が京都1400、そして「35秒台後半」が東京の1300・1400・1600ということになります。列記されてもピンと来ないでしょうが、前ページで比較したように起伏とスタートの芝／ダートの影響が如実にわかる序列になっています。同じ競馬場でも、阪神・中京でダートスタートの1200より芝スタートの1400の方がテンが速いこと、東京ではダートスタートの1300・1400と芝スタートの1600がほぼ同じテンのラップになっていることなどは、覚えておいて損はありません。

これを踏まえると、各コースのテンのラップがどの程度の価値があるのか、［表2］のようにまとめることができます。おおまかな区切りでの比較にはなりますが、「〇」がそのコースでの1勝クラスの逃げ馬の平均ラップに設定されています。つまりある馬が「〇」のテンのラップで走れていれば1勝クラスでは逃げられる水準ということで、「◎」ならば1勝クラス平均を大きく超えた価値のある逃げ・先行（2・3勝クラスでも逃げられる）です。「▲」ならば1勝クラスでは好位・未勝利ならば逃げ候補、そして1勝クラス以上で「△」のラップで先行できていれば楽な恵まれだったということになります。

前述のとおり1300以上だと逃げ馬でもとにかく逃げればいいのではなくペース配分や戦略の影響があるので判断材料としての重要度はやや下がりますが、1400で「◎」のペースで逃げて大敗した馬が1200m以下に出てきた時など、特に距離短縮の条件替わりで狙い打つ根拠となるので有効活用してください。

表1 ダート短距離戦のクラス別平均テン3Fラップ（良馬場のみ）

競馬場	距離	1勝クラス	2勝クラス
札幌	1000m	34.8	34.0
函館	1000m	34.4	34.4
福島	1150m	34.7	34.6
新潟	1200m	34.5	34.1
東京	1300m	35.9	35.5
	1400m	35.8	35.4
	1600m	35.8	35.4
中山	1200m	34.2	34.1

競馬場	距離	1勝クラス	2勝クラス
中京	1200m	35.1	34.6
	1400m	34.9	34.9
京都	1200m	35.2	34.8
	1400m	35.1	35.1
阪神	1200m	35.0	34.9
	1400m	34.8	34.7
小倉	1000m	34.3	33.8

表2 ダート短距離戦における テン3Fのラップの価値判断表

	33秒台後半	34秒台前半	34秒台後半	35秒台前半	35秒台後半	36秒台前半	36秒台後半
函館・小倉1000 中山1200	◎	○	▲	△			
札幌1000 福島1150 新潟1200 阪神・中京1400		◎	○	▲	△		
京都・阪神・中京 1200 京都1400			◎	○	▲	△	
東京1300 東京1400 東京1600				◎	○	▲	△

遺言
14

競馬の基本は「内枠有利」しかしダート短距離だけは「外枠有利」

内枠は走破距離の優位を覆して、砂を被る不利が最大化するカテゴリー全体としての珍しい傾向

競馬の基本は内枠有利。内枠は周回中に走破距離が短いコース取りがしやすいですし、ハナ争いでも好位の位置取り争いでも1コーナーまでに内にいる方がコーナーワークで有利に運べるからです。なかには内で揉まれるとダメ・外から被せられるとダメという気性の馬もいますが、それを言えば内で揉まれた方が闘争心に火が点く・前や外に馬がいた方が折り合いやすいという馬もいるので、これに関しては個性がもたらす誤差の範疇でしょう。やはり競馬は、大前提として内枠有利なゲームです。

そのなかで唯一の例外であるカテゴリーは、「ダート短距離戦」。正確に言えば新潟芝直線1000mもそうなのですが、**カテゴリー全体として明確に「内枠不利・外枠有利」の傾向があるのはダート短距離戦だけ**なので、覚えておきましょう。芝より前の馬が跳ね上げる砂のストレスが大きく、特に馬群のなかにいると馬だけでなく騎手の視界も遮られるリスクもあります。中長距離戦より馬群がバラけづらい短距離戦でこの人馬のリスクが最大化するので、走破距離的には内の方が短いにもかかわらず、それを相殺して「やや外枠有利」というのが基本的なセオリーとなるのです。

全体としては「やや外枠有利」なダート短距離戦のなかでも、コースごとにそれぞれ性質があります。大前提としての「外枠有利」に加えて「カーブで旋回する角度が大きい（向正面の直線に対してラストのゴール前の直線が180度以上大きく旋回する）ほど、内枠が有利になる」「芝スタートの方が、芝の部分を長く走れる外枠が有利になる」「スタート直後に上り坂があると、ペースが落ち着いて包まれるリスクが減って内枠の不利が減じて、走破距離通りに内枠が有利になる」などの要素が複雑に組み合わさって作られるので、次ページ以降を見てそれぞれの特徴をつかんでください。

競馬の基本は「内枠有利」しかしダート短距離だけは「外枠有利」

トータルでは確実に「外枠有利」だがコースごとに複数の要素が絡み合う

次ページにダート短距離各コースの枠順別の勝率・連対率・複勝率を掲載していますが、全コースを総計した連対率は内枠（1～3枠）が12・3％・中枠（4～6枠）が13・5％・外枠（7～8枠）が14・4％となり、トータルとして確実に「ダート短距離は外枠が有利」という傾向があります。そのなかで外枠の連対率が内枠の連対率を大きく上回ったトップ3は新潟1200（6・0％差）・阪神1400（4・8％差）・東京1600（4・1％差）と全て芝スタートのレースですが、「芝を長く走れる外枠の方が逃げ・先行しやすい新潟1200」「外枠の利を使って先行することも、包まれずにスムーズに差しも効きやすい阪神1400・東京1600」といったイメージ。

いずれにしても戦法の幅が拡がるので、有利にレースを運べるのが芝スタートダート短距離戦の外枠ということでしょう。但し同じ芝スタートでも京都1400・中京1400・福島1150は内外ほぼ差がありません。特に京都・中京は僅かに内枠の方が連対率が高く、これはコーナーを旋回する角度が大きいことやスタート直後に上り坂があること（中京は急な下り坂の前に少し上り坂がある）が関係しているのは前述のとおりです。

ダートスタートだと基本的には内外の差は小さくなり、特に馬群もバラけずそのままレースが終わってしまう1000m戦は基本的に「内枠有利」。札幌・小倉はわずかな差ですが「内枠→中枠→外枠」の順で好走率は高くなっています。函館だけは外枠が有利になっていますが、これはテンに上り坂がある＆スタート後の直線が短いことから、一気にダッシュできる馬が外枠に入った場合は、コーナー進入角度が小さく速度を落とさずコーナーを回りやすい、という例外的な現象です。ちなみにこの進入角度による「例外的な現象」は、スタート後の直線が短い阪神1200m・京都1200mでも起きている模様で、これらのコースもダートスタートなのに外枠の有利が標準よりも大きくなっています。

それぞれに影響を与える要素が複雑なので、「芝スタートは特に外枠有利だが、京都＆中京1400は内枠有利」「中京は1200も内枠有利」「ダートスタートだと内外の差は小さいが、京都＆阪神1200はかなり外枠有利」「1000は内枠有利だが函館だけは外枠有利」「東京は極端に外枠有利な1600以外は内外差がない」など、個別に覚えておきましょう。

表1 ダート短距離戦の枠順別連対率

競馬場	距離	内枠（1〜3枠）	中枠（4〜6枠）	外枠（7〜8枠）
札幌	1000m	18.0%	17.2%	17.1%
函館	1000m	17.0%	16.6%	19.8%
福島	**1150m**	**12.7%**	**12.8%**	**13.1%**
新潟	**1200m**	**10.6%**	**14.2%**	**16.6%**
東京	1300m	12.8%	12.9%	12.7%
	1400m	12.4%	12.8%	13.3%
	1600m	**11.4%**	**13.7%**	**15.5%**
中山	**1200m**	**12.2%**	**12.7%**	**13.6%**
中京	1200m	14.9%	11.4%	12.5%
	1400m	**13.9%**	**12.7%**	**12.5%**
京都	1200m	12.1%	13.2%	15.4%
	1400m	**13.4%**	**14.1%**	**12.6%**
阪神	1200m	11.0%	14.7%	15.1%
	1400m	**10.6%**	**14.4%**	**15.4%**
小倉	1000m	14.9%	14.5%	14.5%

※太字は芝スタートのコース

表2 芝スタート／ダートスタートにおける枠順成績

スタート	枠	勝率（1着）	連対率（1･2着）	複勝率（1〜3着）
芝スタート	内枠（1〜3枠）	5.9%	12.0%	18.3%
	中枠（4〜6枠）	6.6%	13.5%	20.1%
	外枠（7〜8枠）	7.6%	14.3%	21.3%
	外枠と内枠の差	+1.6	+2.3	+3.0
ダートスタート	内枠（1〜3枠）	6.3%	12.8%	19.7%
	中枠（4〜6枠）	6.9%	13.6%	20.3%
	外枠（7〜8枠）	7.3%	14.5%	21.2%
	外枠と内枠の差	+1	+1.7	+1.5

遺言
15

東京ダート1400は1400のなかで「異端」のコース

1400で唯一「ダートスタート」1400で唯一「テンよりラストの直線が長い」

【遺言12】で芝1400mをひとまとめにする人は負け組だと書きましたが、ダート1400m戦（東京・京都・阪神・中京）に関しても起伏やコース形態がバラバラであるの加えて、芝スタート／ダートスタートという大きな要素が加わるので、芝と同様あるいはそれ以上に性質が異なっているとも言えます。そのなかでも圧倒的に異質なのは、唯一ダートスタートという設定の東京1400mでしょう。

芝スタートの京都・阪神・中京はダートコースからはみ出して芝コースを横切っているため、スタート後の直線がラストゴール前の直線より長く、前半ハイペースになりやすいコースです。対してダートスタートの東京はスタート後の直線が短いためテンのペースが上がらず、ラストの直線での瞬発力がレースに与える影響が大きくなっています。つまりJRAのダート1400mといえば「ハイペース底力勝負」のコースばかりなのに、東京1400mだけは言わば「ミドルペース瞬発力勝負」のコースなので、要求される資質が異なっているのです。

京都・阪神・中京の1400mはハイペースで上がりが掛かるので、このコースで勝ち切るにはより長い距離でも踏ん張れる底力が要求される傾向があります。逆に言えば東京1400m戦だけが「1400適性」を問われていて、他場の1400mは「1500〜1600適性」に近いものが求められている、とも言えるのかもしれません。現在芝スタートのダート1400m重賞はプロキオンSしか行われていませんが、ここでの好走馬は毎年のようにマイル戦、それもGI戦線で活躍していることにもそれは表れています。**「東京1400mは1400のなかで異端のコース」「1600m戦に繋がるのは東京1400mよりも他場の1400m」**ということを、覚えておきましょう。

東京ダート1400は1400のなかで「異端」のコース

「競馬場適性」「距離適性」という表現にとらわれすぎるな

ＪＲＡのダート１６００ｍ戦は、東京にしか設定されていません。このため東京ダート１６００ｍのレースを予想する際には、他場にない距離なので「距離適性」を重視すれば同コースのレースだけで判断することになりますし、「競馬場適性」を重視すれば同じ東京で距離が近い東京１４００ｍ戦での成績を評価する人も多いでしょう。しかし前ページで説明したとおり、東京１４００ｍは１４００のなかでも〝異端〟のコースで、距離延長に繋がりやすいのはむしろ他場の１４００ｍの方なのです。そして何よりも、芝スタートの東京１６００ｍとダートスタートの東京１４００ｍは、ラップ適性的にも馬場適性的にもすんなりは繋がらないので注意が必要です。

東京１４００ｍの平均ラップは、各クラスでテンも上がりも東京１６００ｍとほぼ同じ数値になっています（左ページの表参照）。普通はテンのラップは距離が短いほど速くなりますが、距離が２００ｍ違うのにテンがあまり変わらないということは、それだけ東京１４００が特殊なコースだということ。ＧⅢ・根岸Ｓは直後のＧⅠ・フェブラリーＳの重要な前哨戦と目されていますが、この2戦を連勝した馬は過去20年間で5頭（01年ノボトゥルー・05年メイショウボーラー・16年モーニン・18年ノンコノユメ・20年モズアスコット）のみ。これを多いと見るか少ないと見るかは微妙ですが、2着1頭（12年シルクフォーチュン）・3着3頭（07年ビッググラス・08年ワイルドワンダー・17年カフジテイク）を合わせても9頭しか馬券圏内に入っていない（出走は18頭なのでちょうど半分）のはやはり物足りない数字で、適性が異なる証拠でしょう。

これに対して、真夏のＧⅢ・プロキオンＳは中京施行の過去8年間の勝ち馬のうちのべ６頭（13年アドマイヤロイヤル・14&15年ベストウォーリア・16年ノボバカラ・17年キングズガード・19年アルクトス）がマイルＧＩで馬券になっています（阪神・京都施行も合わせると過去20年の勝ち馬のべ13頭がＧＩで馬券圏内）。時期的に盛岡のマイルチャンピオンシップ南部杯での活躍馬が多く、フェブラリーＳ好走馬はまだ少ないので阪神や中京１４００が東京１６００に直結するとまでは言えませんが、それでも距離もコース形態も違うＧＩでの活躍馬を複数生んでいるのですから、「東京〝以外〟の芝スタート１４００ｍ戦」を勝ち切る底力が距離延長に繋がるというルートは覚えておきましょう。

ダート1400〜1600m戦のクラス別平均ラップ
（良馬場のみ）

ダート1400m

競馬場	クラス	前3F	後3F	全体時計	テンと上がりの差
東京	3歳未勝利	36.0	37.9	1:26.47	1.95
	古馬1勝クラス	35.8	37.1	1:25.27	1.34
	2勝クラス	35.4	36.8	1:24.40	1.39
	3勝クラス	35.4	36.5	1:24.01	1.09
中京	3歳未勝利	35.0	38.7	1:26.06	3.66
	古馬1勝クラス	34.9	37.8	1:24.95	2.96
	2勝クラス	34.9	37.1	1:23.98	2.13
	3勝クラス	34.7	37.1	1:23.70	2.4
京都	3歳未勝利	35.5	38.1	1:26.01	2.63
	古馬1勝クラス	35.1	37.4	1:24.83	2.28
	2勝クラス	35.1	37.3	1:24.50	2.18
	3勝クラス	35.2	36.6	1:23.96	1.39
阪神	3歳未勝利	35.3	38.2	1:25.80	2.89
	古馬1勝クラス	34.8	37.7	1:24.67	2.91
	2勝クラス	34.7	37.2	1:24.03	2.51
	3勝クラス	34.8	36.8	1:23.67	1.93

ダート1600m

競馬場	クラス	前3F	後3F	全体時計	テンと上がりの差
東京	3歳未勝利	36.0	37.9	1:26.28	1.95
	古馬1勝クラス	35.8	37.1	1:25.38	1.34
	2勝クラス	35.4	36.8	1:24.52	1.39
	3勝クラス	35.4	36.5	1:24.25	1.09

遺言
16

似て非なるダート1700m各コースを峻別せよ

逃げの函館・先行の札幌・差しの福島
ラップも有利な脚質もバラバラの4場

ダート1700mのコースは、JRAでは札幌・函館・福島・小倉というローカルの4場にだけ設定されています。直線が短く急な上り坂もないコースなので、「中央場所の1800mの〝下位互換〟」「先行有利で底力不要のコース」のようなイメージでまとめて把握している方もいるでしょう。

しかし実は、各コースでかなり特性は違っています。例えば次ページの平均ラップを見ると、札幌は1勝クラスでも「中盤も上がりも37秒台」と他場より速いラップが刻まれており、コーナーが大きいので平均的に「長くいい脚」を使う持続力が要求されるという性質が表れています。また**【遺言11】**で説明した短距離のテンの起伏がダート中距離では向正面の起伏ということになるので、すなわちダート1700mでは小倉だけが他場と起伏が大きく異なります。「テン2・5F」の後半にあたる1コーナーに上り坂があり、「中盤3F」にあたる2コーナー〜向正面が下り坂なので、これで起伏が真逆の函館と似たようなラップの数値ならば、実質は「テンがかなり厳しく、そのぶん中盤でわずかに息が入る」という計算になります。これは小倉が中弛みというよりも、ラストの直線がもっとも短い函館は仕掛けが早まり中盤緩まない、という方が正確でしょう。

各コースの連対脚質を見ると、全クラスで逃げ馬が連対馬の2割以上を占める**「圧倒的に逃げ馬上位」の函館**に対して、1勝クラスで連対馬の4分の1が差し馬という**「そこそこ差しが決まる」福島**、そして**脚質的にはその中間の札幌・小倉**と、なかなか変化に富んでいます。函館は中盤のラップがもっとも厳しいのに逃げが有利ということなので、このため脚質というよりは資質が異なる「スピード重視」のコースということになります。

福島1700の先行粘りは価値あり他場1700で巻き返し可能

2020年の福島中央テレビ杯（2勝クラス・福島ダート1700m）は1分46秒6と時計はやや遅めでしたが、テン2・5Fは「29・3」とクラス平均より0・8秒も速く、上がり3Fは「39・5」とクラス平均より1・4秒も掛かるという、典型的な前傾急流の厳しいラップ。それでも好位勢が上位を占めたので差し馬勢が低レベルという可能性はありますが、上位3頭のなかで厳しい序盤からもっとも前にいて早め先頭から2着のハヤブサレジェンドは、7番人気という伏兵だったとはいえ額面以上の強いパフォーマンスを見せたと言えそうです。しかもそれがダート1700mのなかではもっとも差しやすい福島でのものなのですから、他場の中距離戦や同舞台でもマイペースで行ければすぐに勝ち上がれると予測できました。実際次走は同舞台でテン「31・0」と数段楽なペースで逃げて圧勝、さらに3勝クラスの昇級戦でも脚抜きの良い不良馬場の後押しもあり、テン30・5のスロー逃げで上がり「36・1」でまとめて連勝を果たしました。OP入り初戦でも平坦で先行有利な新潟1800mで逃げて2着と健闘、福島1700mでの強いパフォーマンスがここまでの素質の一端だったということで、決して「1800の下位互換」ではないと証明しました。

ちなみに最初の2020年福島中央テレビ杯でハヤブサレジェンドより前から13着まで失速したヴィーダは、その後函館・札幌の1700mを転戦して5・5・6着と巻き返し、メンバー落ちて不良馬場にも恵まれた苫小牧特別（2勝クラス・札幌ダート1700m）では7番人気ながら2着と激走。「急流での先行」は常に激走の可能性を秘めた実績ですが、特に「差しが利きやすい福島1700mでの急流先行」は、惨敗していても他場1700m**（特に雨馬場）**で大きく巻き返すチャンスがあるというのは〝定石〟です。

他にも2020年尾瀬特別（2勝クラス・福島ダート1700m）で上がり掛かる展開を早めに2番手につけて強い2着だったリーピングリーズンが、その後福島・札幌の1700mで5・10・7着と低迷するも、小倉1700mの稍重馬場で9番人気2着と激走するなど、このパターンの例はいくらでも挙げられます。また逆に**「他場1700mで差し損なった馬は福島だと前進のチャンス」**という逆のパターンも狙いが立つので、合わせて覚えておきましょう。

ダート1700m戦のクラス別平均ラップ
（良馬場のみ）

競馬場	クラス	テン2.5F	中盤3F	上がり3F	全体時計
札幌	3歳未勝利	30.2	37.9	38.5	1.46.59
	古馬1勝クラス	30.4	37.5	37.7	1.45.60
	2勝クラス	30.2	37.4	37.4	1.45.03
	3勝クラス	31.1	37.7	36.2	1.45.00
函館	3歳未勝利	30.2	38.0	39.1	1.47.26
	古馬1勝クラス	30.1	37.6	38.4	1.46.06
	2勝クラス	30.2	37.4	37.4	1.45.03
	3勝クラス	-		-	-
福島	3歳未勝利	30.4	38.6	39.1	1.48.14
	古馬1勝クラス	30.2	38.1	38.7	1.46.96
	2勝クラス	30.1	37.9	38.1	1.46.12
	3勝クラス	30.1	37.4	38.1	1.45.58
小倉	3歳未勝利	30.1	38.1	39.0	1.47.24
	古馬1勝クラス	30.0	37.7	38.4	1.46.01
	2勝クラス	30.1	37.4	37.8	1.45.31
	3勝クラス	30.0	37.2	37.0	1.44.15

遺言
17

函館1700得意ならば短距離で札幌1700得意ならば中長距離で狙え

函館1700のスピードは1600以下に札幌1700の持続力は1800以上に通ずる

【遺言16】で説明したように、脚質やラップを総合すると1700m戦のなかでは**もっとも「序盤からの〝スピード〟」が要求される函館1700m**と、**もっとも「中盤〜上がりの〝持続力〟」が要求される札幌1700m**。ともに夏場にだけ行われるローカル北海道開催の同距離戦なので、出走馬も似通っていますし馬券を買う側にとってもあまり違いを意識させない両条件ですが、実は一般的に思われているよりずっと大きな資質の差が存在します。

そもそも1700m戦はローカルだけに設定されているので、いわゆる〝中央場所〟(東京・中山・京都・阪神の4場)では「1600m以下」あるいは「1800m以上」を走っていた馬が、1700m戦に出走します。つまり普段は「短距離馬」「中長距離馬」として出走レースを選択している馬たちが混在するので、レース予想でも事後評価でも、ちょっとした要領が必要なのです。

「1800m以上で先行して好走した馬は1700m戦で狙い」「1600m以下で先行して好走した馬は1700mでは疑う」というのが基本線ですが、しかし函館だけはスピード問われるので短距離馬の激走が相対的に増えるので注意が必要です。逆に言えば「札幌より函館が得意な馬は中央場所では短距離戦で狙える」「函館より札幌が得意な馬は中長距離戦で狙える」ということになるのです。

続けて開催がある函館・札幌をはじめ、ダート1700m戦は夏場に集中的に行われるので、そのなかでの着順の推移は「調子の変動」や「クラス慣れ」や「本格化」の分脈で語られることが多いですが、実は要求される資質に馬が合致しているかどうかの要素も大きいので、【遺言16】で説明した脚質の傾向とともにしっかり意識してみてください。

遺言
17

函館1700得意ならば短距離で
札幌1700得意ならば中長距離で狙え

事前予想でも事後分析でも函館と札幌の違いを使いこなせ

2018年檜山特別（1000万下＝2勝クラス、函館ダート1700m）の2着馬フリーフリッカーと4着馬エンクエントロスは、その後同年のWASJ第3戦（1000万下＝2勝クラス、札幌ダート1700m）で2・1着と前進しました（前者は着順は同じだが0・2差→0・0差と勝ち馬との着差が詰まった）。その後フリーフリッカーは京都1800mで同級を勝ち上がり、準OPでの4度の馬券絡みは京都1800m1回と東京2100mが3回。エンクエントロスも昇級戦の京都1800mでいきなり10番人気3着と激走、その後京都1900mでも9番人気2着と穴をあけました。

また檜山特別の5着馬タガノヴェローナと6着馬ヒルノサルバドールは、同年の大雪HC（1000万下＝2勝クラス、札幌ダート1700m）で2・8着と明暗を分けましたが、前者はその後京都1800mで同級を勝ち上がって昇級戦の京都1900mで9番人気3着と激走、対して後者はその後1400mで馬券に5回も絡む活躍を見せます。つまり「函館→札幌で前進した馬が活躍する」のではなく、**「函館→札幌での着順の変化で活躍の場所が予見できる」**のです。この函館の檜山特別はたまたまハイレベル戦でしたが、そのレベルの高さに後から気づいた場合でも、札幌で前進したか後退したかによってその後の狙いどころが変えられるというわけです。

これを応用すれば、ダート1700mを予想する時点でも、適性による妙味を取りに行くことができます。例えば「これまで短距離得意だった馬が函館1700mで好走しても〝中距離克服〟と早合点することなく、次走札幌1700mで人気していたら疑ってみる」「これまで中長距離得意だった馬が函館1700mで4～6着に負けていても力不足とは思わず適性面の問題と考えて、次走札幌1700mで人気の盲点となっていれば強く狙う」などの細かい上げ下げが有効となるのです。

ちなみに前ページでは「短距離／中長距離」で分けましたが、東京ダート1600mは芝スタートでハイペースになりやすく、かつ直線長く坂もあるので短距離戦のなかでは底力を問われやすく、函館だけではなく福島の1700mともリンクしがちです。このため福島・函館より明確に札幌の1700mが得意な馬は、東京では1600mより2100mで激走することもあるので、距離の数字だけに騙されないように注意してください。

活躍の舞台がわかる函館と札幌の成績の見方

2018年7月1日　函館10R
檜山特別(1000万下)　ダート1700m不　14頭

着	馬名	性齢	騎手	タイム	通過順	上り3F	人気	単オッズ
1	5 ⑧ゴールデンブレイヴ	牡5	ルメール	1.43.6	2-2-2-2	36.7	2	3.7
2	7 ⑫フリーフリッカー	牡4	北村友一	1.43.8	3-3-3-3	36.8	3	4.6
3	2 ②チャイマックス	牝5	藤懸貴志	1.44.1	1-1-1-1	37.3	11	76.8
4	3 ④エンクエントロス	牡6	木幡初也	1.44.2	8-8-7-8	36.9	7	18.0
5	6 ⑩タガノヴェローナ	牝4	国分恭介	1.44.3	4-3-5-5	37.2	5	12.7
6	3 ③ヒルノサルバドール	牡5	横山武史	1.44.4	7-6-7-5	37.1	1	3.5

2018年8月26日　札幌10R
2018WASJ第3戦
(1000万下)　ダート1700m重　14頭

着	馬名	タイム	上り3F	人気
1	8 ⑬エンクエントロス	1.44.9	37.3	2
2	4 ⑥フリーフリッカー	1.44.9	37.3	1
3	6 ⑨ヴォカツィオーネ	1.45.5	37.2	4

2018年8月12日　札幌12R
報知杯大雪ハンデ
(1000万下)　ダート1700m重　14頭

着	馬名	タイム	上り3F	人気
1	3 ④ディアコンチェルト	1.43.0	36.6	6
2	4 ⑥タガノヴェローナ	1.43.5	37.3	4
3	6 ⑨キタサンタイドー	1.43.7	37.8	5
4	5 ⑧サトノプライム	1.44.1	37.1	2
5	3 ③メイショウエイコウ	1.44.1	37.1	1
6	1 ①クインズヌーサ	1.44.9	39.1	11
7	8 ⑭ワンパーセント	1.45.2	38.7	8
8	4 ⑤ヒルノサルバドール	1.45.3	39.7	3

函館1700m→
札幌1700mで前進した馬は
1800m以上で活躍

函館1700m→
札幌1700mで後退した馬は
1600m以下で活躍

遺言
18

京都ダート1800は〝王道〟コース その後の出世は約束されている

ダートの〝根幹距離〟は1800m 競走馬の資質よりもレース体系の問題

競馬には〝根幹距離〟という言葉があります。

「1200・1600・2000・2400・3200m」などの400の倍数のメートル数のコースが該当するとされており、これら〝根幹距離〟とそれ以外の〝非根幹距離〟には適性に違いがある、とする理論もあるようです。その理由として「馬の呼吸が合いやすい」などのオカルトめいた理論も目にしますが、これは明らかに誤りで正しくは「競馬場を設計する際に、レース体系の中心となる〝根幹距離〟が設定しやすいレイアウトが採用されているので、〝非根幹距離〟はスタート後の直線が短いなどの特性が生まれて、極端な適性が求められる場合がある」といったところでしょう。

そう考えると、芝コースの内側にダートコースが取られるJRAの競馬場においてダート中長距離戦の〝根幹距離〟は、芝スタートのコースを含まず、かつスタート後の直線がある程度確保されていてレース数も多い「1800m」ということになるのではないでしょうか。その意味では、スタート後の直線がさらに長い1900mや、ローカルでは同じ意味がある1700m戦もこれに準ずることになりそうです。

実際にダートの1700～1900mで2勝クラスを勝った馬は、半分以上が3勝クラスで連対・2割程度がOPでも連対するなど出世への道が開かれていますが、これもオカルト的な理由ではなくレース数が多く体系として整備されているから。そのなかでももっともレース数が多く「平均的な資質」が要求される京都ダート1800m戦は、いろいろなタイプのメンバーが揃ってハイレベルになりやすく、そのため出世馬が出やすいという図式になっています。

遺言
18

京都ダート1800は〝王道〟コース その後の出世は約束されている

レース体系がハイレベルを呼ぶ 京都1800特別戦は特注の出世フラグ

左ページの［表1］は、JRAのダート1800m各コースごとに関して、2勝クラスを勝ち上がった馬が3勝クラスで「勝つ／連対する」率と、同じくOPでも「勝つ／連対する」率を一覧にしたものです。各項目で京都1800mは軒並み上位の数値で、テンと上がりに二度の急坂があってタフな消耗戦で有名な中山や阪神の1800mよりも〝出世する条件〟となっているのがよくわかります。これは前ページで説明したように「〝根幹距離〟のなかでも中心的な位置づけのコース」になっているという要因と、あとは下級条件での消耗戦は差し馬もバテてしまうので必ずしも底力上位馬が勝ち上がるとは限らない、という展開的なアヤも影響していると思われます。ちなみに［表2］のとおり、京都ダート1800mの特別戦に絞れば85%が3勝クラスで馬券に絡むという圧倒的な信頼度があり、かつ13頭のなかにテイエムジンソク・オーヴェルニュというGⅡ勝ち馬が2頭いるという爆発力もあるという状況なので、これは特注の〝出世フラグ〟として覚えておきましょう。

なお中京1800mが京都を上回っている項目もありますが、これはまだレース施行数が少ないことと、夏開催の2勝クラスは3歳OP馬が編入される時期なので、本来重賞級の馬が混じっている場合がある、という要因によるものでしょう。いずれにしても、京都1800mというコースに根源的なハイレベル要素があるというよりは、「スピードが重視され過ぎも底力が重視され過ぎもしない、ごく平均的な設定なので、幅広いタイプの出走馬が適性の偏りよりも能力の高さを競うレースになる」というレース体系の〝ど真ん中〟にあるからという仕組みなので、今後施行レース数などが変わることによって出世の度合いも変わるかもしれません。

実際、近年レース数が増えてきたダート1900m戦は、従来中途半端で出走馬も集まりづらい印象だったのがレース体系のなかでも一定の位置を占めるようになっており、その結果この［表1］でもわかるように京都1800m戦以上の数値を叩き出すまでになりました。またダート1700m戦もほぼ1800m戦の5場平均とは同じ水準の数値となっており、これも〝根幹距離〟に準ずる重要な位置と目して良いでしょう。なお1700m戦勝ち上がり馬に関しては、**【遺言17】**を参考にその後の〝出世先〟を推測してください。

表1 2勝クラス勝ち馬の3勝クラス・OP成績

コース	3勝C勝ち上がり率	3勝C連対率	OP勝ち上がり率	OP連対率	該当レース数
京都ダ1800m	40.7%	57.0%	14.0%	20.9%	86
阪神ダ1800m	33.8%	46.5%	8.5%	9.9%	71
中山ダ1800m	35.7%	51.4%	11.4%	20.0%	70
新潟ダ1800m	20.8%	33.3%	8.3%	12.5%	24
中京ダ1800m	38.9%	61.1%	16.7%	22.2%	18
ダ1800m全コース	35.7%	50.9%	11.5%	17.1%	269
ダ1700m全コース	34.2%	50.5%	14.4%	20.7%	111
ダ1900m全コース	41.0%	59.0%	15.4%	25.6%	39
ダ1700～1900計	35.8%	51.6%	12.7%	18.9%	419

表2 京都ダ1800m2勝クラス特別戦勝ち上がり馬

馬　名	3勝C最高着順	OP最高着順	重賞馬券圏内
ダノンテイオー	1着	11着	
マリオ	3着	―	
オーヴェルニュ	1着	1着	GII東海S1着
ダノンロイヤル	5着	―	
エムオーグリッタ	1着	7着	
テイエムジョウネツ	3着	―	
ダノンレーザー	2着	―	
アスターゴールド	2着	―	
ヒロブレイブ	1着	4着	
ヴァローア	1着	―	
マインシャッツ	1着	4着	
トウケイウィン	5着	―	
テイエムジンソク	1着	1着	GIチャンピオンズC2着、GII東海S1着、GIIIみやこS1着

遺言
19

阪神ダート2000mは芝と通じる「中弛み」コース

阪神1800とは似て非なるオリジナルな特性を持つコース

ダート短距離戦には、札幌・函館・小倉を除く7つの競馬場で芝の引き込み線からスタートするコースがありますが、中長距離での芝スタートコースは阪神2000mのみ。そして短距離では芝スタートだとハイペースになりやすいことは【遺言14・15】で説明しましたが、阪神ダート2000mに関してはまったく違った特徴があります。それは中盤が緩い**「中弛み」ラップ**になること。

阪神ダート1800mはスタート後にすぐ急な上り坂を上って、坂が終わるとすぐカーブきつめの1コーナーに入ります。スタート後の直線はわずか280mほどで、いつまでも先手争いをしていてはカーブを曲がり切れないのでテンはそこまで速くなりませんが、ここで位置が取れなかった馬は向正面や3コーナーで動き出すチャンスを窺う（テンの争いが短いぶん脚も残っている）ので、中盤以降もあまり緩まないことが多くなります。対して2000mは、当然ですがスタート後の直線がこれより200m伸びて480mほど、これだけでも倍近くある訳ですから先手争いが長引くことになります。しかも芝スタートなので芝得意でダッシュが付く馬は先行を激化させ、ダート得意な馬は砂に入ってから二の脚でさらに展開を厳しくする、という二段構えでテンのラップが速くなるのは芝スタートの短距離戦（阪神ならば1400m）と同様。しかし1コーナーでガクッとペースは落ち、向正面で無理にペースを上げる馬も出にくいので、テンと中盤のコントラストが明確なラップになります。

芝スタートでテン速いので軽いスピードが必要、中盤で息が入って上がりが速いので折り合っての瞬発力も必要…ということで、通常パワーと底力が必要なダートの中長距離では珍しく、芝と似た資質も問われます。このため芝馬がもっとも激走しやすいという、珍しい特徴を持つダートコースです。

阪神ダート2000mは芝と通じる「中弛み」コース

芝馬がいきなり激走可能
ここで走ってもダート適性を過信は禁物

左ページの［表1］は、阪神ダート1800mと2000mのクラス別平均ラップ。特にF（ハロン）平均の数値を見ると、1800mはテンも中盤も上がりも「12秒台半ば」の平板なラップですが、2000mはテンが12秒そこそこなのに中盤は13秒前後と大きく緩んで、上がりで12秒台半ばに再加速するという、明確な「中弛み」ラップなのがよくわかります。論より証拠、このコースのOPの勝ち馬は［表2］のとおり、芝での好走歴がある馬が相当な数にのぼります。後にダートGⅠで3連対を果たすアウォーディーが最初にダート重賞を勝ったのはこの舞台ですし、デビューから48戦芝を使い続けてOPではやや頭打ちだったハナズレジェンドが初ダートのOPカノープスSをずば抜けた上がりで完勝するなど、芝馬が上級条件でダート転向してもいきなり好走しやすい、というのも特徴的。本来ならばコースだけでなくレースの流れに慣れるのに時間がかかるところ、前ページで説明したとおり資質的に芝の中長距離戦と似ているのですんなり対応できるということでしょう。表に示したのはOP勝ち馬だけですが、日経新春杯（GⅡ）で3・2着のダークメッセージが08・09年のシリウスSで3・2着したり、3歳春にはOP白百合Sでモーリスに先着（2着）したピオネロがダート3戦目の16年シリウスSで2着したりと、好走馬は枚挙にいとまがありません。

逆に言えば、芝馬がダートのキャリアが浅い時点で阪神ダート2000mで好走しても、それだけで「ダートにクリアしている可能性があるので、「芝馬の資質」でクリアしている可能性があるので、それだけで「ダートに十分な適性があった」と決めつけるのは早合点だということ。芝重賞・毎日杯（GⅢ）で7着もあるダノンテイオーはダートで1・2勝クラスを勝ち上がりましたが、3勝クラスでは初戦阪神1800mで8着と頭打ち。そこで阪神2000mを使って見事に勝ち切りましたが、その後OPでは1800mばかり使われてすべて二桁着順の惨敗なので、実は芝馬の能力込みで勝ち上がってしまったものの純粋なダートの適性ではまだOPに対応できないレベルなのでしょう。1800と2000のパフォーマンスの差で、これを予見することは可能です。

ちなみに京都ダート1900mも従来は「中弛み」コースでしたが、ここ5年ほどで平均ラップの中盤が一気に速くなり、1800m戦と近い質のコースになりました。従来のイメージを捨てるのも、大事な戦略です。

表1 阪神ダート1800m・2000mのクラス別平均ラップ

競馬場	クラス	テン3F	中盤4F	上がり3F	全体時計	テンF平均	中盤F平均	上がりF平均
阪神1800	3歳未勝利	37.6	38.6	38.5	1.54.58	12.5	12.9	12.8
	古馬1勝クラス	37.4	38.0	37.9	1.53.31	12.5	12.7	12.6
	2勝クラス	37.3	37.4	37.7	1.52.43	12.4	12.5	12.6
	3勝クラス	37.2	37.7	37.4	1.52.34	12.4	12.6	12.5
阪神2000	3歳未勝利	36.5	52.9	38.8	2.08.21	12.2	13.2	12.9
	古馬1勝クラス	36.2	52.3	37.9	2.06.28	12.1	13.1	12.6
	2勝クラス	36.2	51.6	37.9	2.05.64	12.1	12.9	12.6
	3勝クラス	35.9	50.8	37.8	2.04.45	12.0	12.7	12.6

表2 芝好走歴がある、阪神ダート2000mOP勝ち馬

阪神ダート2000mOP	勝ち馬	勝ち馬の過去の芝での好走歴
2010年　仁川S	モンテクリスエス	ダイヤモンドS(GⅢ)1着・日経賞(GⅡ)3着 ステイヤーズS(GⅡ)3着
2010年　シリウスS	キングスエンブレム	すみれS(OP)1着 セントライト記念(GⅡ)7着
2011年　シリウスS	ヤマニンキングリー	中日新聞杯(GⅢ)1着 札幌記念(GⅡ)1着
2012年　ベテルギウスS	ハートビートソング	青葉賞(GⅡ)3着・目黒記念(GⅡ)2着 宝塚記念(GⅠ)6着
2014年　ベテルギウスS 2015年　仁川S	マルカプレジオ	新馬2着・未勝利1着
2015年　シリウスS	アウォーディー	青葉賞(GⅡ)5着・目黒記念(GⅡ)4着 1000万下(2勝クラス)1着
2019年　シリウスS	ロードゴラッソ	未勝利1着
2020年　カノープスS	ハナズレジェンド	3勝クラス1着 丹頂S(OP)2着

遺言

20

同じメンバーでの再戦こそ条件を精査して逆転の可能性を探れ

条件次第で結果は変わる着順だけで簡単に「勝負づけ」するな

競馬のレースには限りがあるので、同じ馬どうしが何度も直接対決を繰り返すことがあります。その場合過去の対戦での序列が今回の人気に反映するのが普通ですが、結果はそのとおりになるのでしょうか?それを見抜くためには、予想の際に事実関係だけを冷静に整理する必要があります。

例えばここ3戦続けて4着のAという馬が、3走前に東京1600mで3着のBに半馬身差・2走前に東京1800mで2着のCに2馬身差・前走中山1600mで3着のDに1馬身差で負け、そして今回B・C・Dのすべてと東京1600mで再戦する場合。同舞台でBに負けているので「勝負づけ」が済んでおり、距離は違えど同じ東京で負けているCに対しても分が悪く、競馬場は違っても同じ距離で負けているDに対しても不利に見えます。こういう場合のAはB・C・Dに対して大きく人気が落ちますし狙い下げたくなりますが、しかし負けた事情によってはさほど実力差がない場合もあるのです。

仮にAが「好走はすべてマイル以下、かつ〝グループA〟のコースが不得意」という馬であれば、距離不適でのCに完敗は仕方なく、苦手な中山で1馬身差のD相手には東京では逆転があるかもしれません。そうなるとこの舞台でBに半馬身差の3走前より調子も上がっている可能性もあり、実はB・C・Dのすべてと互角かそれ以上の評価すらできるのです。さらに3走前で外枠だったAが今回開幕週で内枠を引けた、などの材料が追加されれば、狙い下げどころか本命視すらできるでしょう。それほど条件の精査は大切ですし、こういう場面こそが馬券的な〝妙味〟を追える絶好の状況なのです。

また逆に「鞍上強化」「良血開花」などを理由になぜか前走負けた馬の方が人気する場合もありますが、その際も目に見える買い要素があるかどうかを精査し、妙味がある選択をしていきましょう。

同じメンバーでの再戦こそ条件を精査して逆転の可能性を探れ

「○○(騎手)無双」の時ほど馬の実績を冷静に精査せよ

いまや競馬予想にはあらゆるツールが持ち込まれ、データの閲覧も容易なので、視野の広い総合的な予想を構築しているファンが数多く存在しています。それでもなぜか、目先の単純な要素で人気が大きく動くことがあり、それが意外な妙味を生むことは多々あります。

3場開催時は特に一部の有力騎手に有力馬が集中しがちですが、そのせいで微妙なレベルの馬でも騎手だけで人気が引き上げられることも。例えば２０２０年夏の札幌開催のルメール騎手は26勝をあげ、21勝の横山武史騎手・12勝の吉田隼人騎手を抑えて開催リーディングを獲得しましたが、１０３回騎乗で1番人気は実に55回。特にこの勝ちっぷりがクローズアップされる開催後半になるほど人気も集中するようになっていき、終盤にはなんと1番人気で15連敗(この間2番人気以下でも9連敗、合わせて24連敗)という時期もあったほどですから、いかにファンが馬の能力の精査よりも「ルメール騎乗」というだけで信頼していたかがわかります。

札幌芝１５００ｍで、開催2週目に行われた札幌道新スポーツ賞(2勝クラス)。このレースでカヌメラビーチは、内枠から上手く先行して5番人気ながら3着に好走しました。開催前半の先行有利馬場かつコーナーの比率が高く内枠有利なコース形態を考えると、カヌメラビーチは好条件と好騎乗に導かれた好走と言えそうで、これより外枠&後ろから運んで2着したプレトリアの方が価値がある内容でした。ところがこの2頭が同じ舞台で再戦した4週目の羊ケ丘特別では、カヌメラビーチが単勝2・3倍と圧倒的な1番人気で、プレトリアは4・1倍の2番人気。開催進んだうえに当日は雨の影響もあり差しが効く馬場で、今回はプレトリアの方が内枠で道中のロスも少なそう…と、どう見てもプレトリアの方が有利な材料が揃っていたのですが、この人気になったのはひとえにカヌメラビーチがルメール騎手に乗り替わったからでしょう。プレトリア3着・カヌメラビーチが5着という結果は必然ではありませんが、少なくとも「前走で負けていたのに人気が逆転した」のは〝ルメール無双〟ゆえのおかしな現象で、その裏を突くことに妙味があるのは理解できると思います。ちなみにこのレースを勝ったのは札幌道新スポーツ賞では久々で後方から10着完敗(それでも上がりは4位だった)のオースミカテドラルで、差しやすい馬場を背景に捲って突き抜けました。

2020年8月2日　札幌12R
札幌道新スポーツ賞（2勝クラス）芝1500m良 14頭

着	馬名	性齢	斤量	騎手	タイム	着差	通過1	上り3F	人気	単オッズ
1	3③ソウルトレイン	牡3	54	武豊	1.28.1		5-6-5	34.3	1	3.1
2	6⑨プレトリア	セ5	55	大野拓弥	1.28.2	1/2	7-7-8	34.3	6	15.4
3	3④カヌメラビーチ	牡4	55	浜中俊	1.28.2	クビ	3-4-3	34.5	5	12.5
4	6⑩クリノアリエル	牝5	52	古川吉洋	1.28.2	クビ	7-7-5	34.3	8	20.9
5	8⑭ピースマインド	牡7	54	藤岡佑介	1.28.3	クビ	14-14-14	33.6	11	46.6
6	7⑫オーロラフラッシュ	牝3	52	蛯名正義	1.28.3	クビ	10-9-9	34.1	3	5
7	8⑬ウインオルビット	牡5	54	丹内祐次	1.28.4	3/4	2-2-2	34.9	13	136.2
8	4⑤ショウリュウハル	牝3	51	団野大成	1.28.4	クビ	4-3-3	34.8	4	6.5
9	2②オータムレッド	牝3	51	石川裕紀	1.28.5	クビ	10-11-11	34.1	9	22.1
10	5⑦オースミカテドラル	牡4	56	福永祐一	1.28.6	3/4	12-11-11	34.2	2	4.8
11	5⑧ユキノグローリー	牡3	53	川島信二	1.28.7	1/2	1-1-1	35.3	12	57.4
12	4⑥プッシュアゲン	牡7	52	柴田善臣	1.28.8	3/4	5-4-5	35.1	14	185.1
13	7⑪ベッラヴォルタ	牝3	51	亀田温心	1.28.9	クビ	12-11-11	34.5	10	27
14	1①スカルバン	牡6	54	吉田隼人	1.29.0	3/4	7-9-10	34.8	7	20

2020年8月15日　札幌12R
羊ヶ丘特別（2勝クラス）芝1500m稍 12頭

着	馬名	性齢	斤量	騎手	タイム	着差	通過1	上り3F	人気	単オッズ
1	6⑧オースミカテドラル	牡4	57	菱田裕二	1.29.1		7-7-4	34.8	4	6.4
2	6⑦ルーチェデラヴィタ	牝3	52	団野大成	1.29.2	1/2	5-5-2	35.2	3	6.0
3	3③プレトリア	セ5	57	大野拓弥	1.29.3	1/2	8-9-7	34.7	2	4.1
4	7⑩ワンダーアフィラド	牡4	57	吉田隼人	1.29.5	1 1/4	1-2-1	35.9	7	27.2
5	5⑥カヌメラビーチ	牡4	57	ルメール	1.29.6	3/4	3-3-4	35.8	1	2.3
6	8⑪レッドカード	牝3	52	落合玄太	1.29.6	頭	3-3-4	35.8	9	37.8
7	4④ベッラヴォルタ	牝3	52	亀田温心	1.29.6	クビ	11-12-11	34.6	8	35.4
8	1①プッシュアゲン	牡7	57	黛弘人	1.29.8	1 1/4	8-8-7	35.4	11	121.7
9	2②エン	牡3	52	丹内祐次	1.30.1	1 1/2	5-5-7	36	6	18.9
10	7⑨エバンタイユドール	牝3	52	山田敬士	1.30.7	3 1/2	12-10-10	35.9	10	52.4
11	8⑫サイモンサーマル	セ5	57	柴山雄一	1.31.0	2	10-10-12	36.2	12	201.3
12	5⑤ヨハネスボーイ	牡3	54	阿部龍	1.31.1	1/2	2-1-2	37.6	5	12.8

遺
馬券師・半笑いの
言

CHAPTER 3

競走馬の適性を捉える格言10

遺言

21

テン速いレースは距離短縮に上がり速いレースは距離延長に繋がる

テン／上がりに加えて時計も速ければ信頼度UP 特に「上がり＋時計」速いのは特別な能力

競走馬はそれぞれレース条件に得意／不得意があり、勝つチャンスを最大化するためになるべく得意な条件を使われます。しかし常に得意条件のレースに出られる訳ではなく、また今後の選択肢を増やすために敢えて未経験の条件に出走することもあります。特に2〜3歳の若駒はそもそもの得意条件を探るためにいろいろな条件を走りますし、明らかに適性外でも生涯一度のクラシック競走やそのトライアルに挑戦もします。予想する側としては「経験のない条件」は大きな悩みどころとなります。

第2章であらゆる方向から競馬場の特性について言及したのは、この推測の際の材料とするためでもあります。同じ〝グループ〟に属する競馬場であれば得意／不得意はある程度共通しやすいですし、どんな起伏でダッシュが効きやすいか・どんなコーナーで加速しやすいのか・どんな長さの直線で末脚の優位が活きやすいのか…などを言語化することは推測の助けとなるからです。

そしてそれに加えて**「テン（序盤）速いレースは距離短縮に繋がる・上がり（終盤）速いレースは距離延長に繋がる」**という法則を覚えておいてください。さらに言えば、**「時計が速い＋テン速いレース」「時計が速い＋上がり速いレース」**はそれぞれ距離短縮・距離延長でより信頼しやすいですし、特に後者に関してはレースで「勝負どころから長くいい脚が使える」資質なので、直線長く芝の状態が良いコースが増えた現代では特に、**あらゆるレースで力を発揮しやすくなる特別な能力**です。

ちなみに私は過去の著書で、この**「時計が速い＋上がり速い」**脚が使える能力を「持続力」や「例の力」と呼んでピックアップしてきました。**レース全体の上がりがさほど速くなくても自身が速い上がりを使っていれば該当する**ので、「例の力」を発揮できる馬を探して馬券に活用してください。

遺言21

2歳重賞の「時計と上がり」だけでも将来の能力と適性が予見できる

東京芝1400mの2歳GⅡ京王杯2歳SはGⅠ朝日杯FSの重要な前哨戦ですが、このレースを好走した馬でも当然ながら出世する馬／しない馬がいます。また、出世する馬のなかでもマイル（1600m）以上の距離／スプリント戦（主に1200m）が得意になる馬もおり、これをある程度でも見抜ければ、馬券を買ううえでかなり役に立つことでしょう。そこでその指標として、**「例の力」**を分析するのです。

極めて単純化して「時計＝1分21秒台以内」「上がり3F＝33秒台以内」をボーダーラインとして、2010〜2020年の京王杯2歳Sの連対馬から「時計も上がりも速い馬」「時計だけが速い馬」を抜き出したものが左ページの表となります。これを見ると、「時計も上がりも速い馬」は8頭中7頭がマイル以上のGⅠを勝ち、うち5頭が直後の2歳マイルGⅠで馬券に絡んでいます。別路線組との力関係の比較なしでも、**京王杯で「1分21秒台以内かつ上がり33秒台」の馬がいる場合は次のマイルGⅠで軸にすれば6割以上は正解**、という状況です。

一方「時計だけが速い馬」の場合、その後のOP勝ちや重賞連対は、見事に全て1200m戦となっており、その違いは明確です。そして時計が速いのに上がりは速くないのですからこれらの馬は自動的に「テンが速い」ことになり、つまりこれも**「時計が速い＋テンが速い＝距離短縮で信頼できる」**ということの証明なのです。

もちろん馬の資質は変動し成長するものなので、2歳秋のGⅡ実績が示唆するままの得意／不得意条件が生涯続くとは限りませんが、これだけ連動していれば参考資料以上の価値はあるはずです。例えば、左ページの表掲載のモンドキャンノの2着馬レーヌミノル（時計が1分22秒台なので表には掲載なし）は、上がり34・2で「テンが速い＝距離短縮」タイプの方でしたが、阪神JFでも3着と健闘し、そして桜花賞では雨馬場の助けも借りて見事1着。これはマイルGⅠにまで対応したのでセオリーを覆す〝例外〟ではあるのですが、桜花賞制覇で人気を上げて挑んだオークスでは13着惨敗、京王杯での上がりの止まり方からさすがにここまでの距離延長には耐えられないと推測すれば、少なくともオークスで上位評価をすることはなかったはずです。このように、単純な時計と上がりの比較だけでも資質の一定の指標となり得ますので、細かいサインを見逃さないようにしましょう。

京王杯2歳S上位馬とその後の好走実績

年度	着順	馬名	時計	上がり	その後の好走実績
2010年	1着	グランプリボス	1’21”8	33.7	10年朝日杯FS(GⅠ中山1600)1着 11年NHKマイルC(GⅠ東京1600)1着 12年マイルCS(GⅠ京都1600)2着 14年安田記念(GⅠ東京1600)2着
	2着	リアルインパクト	1‘21“9	33.5	10年朝日杯FS(GⅠ中山1600)2着 11年NHKマイルC(GⅠ東京1600)3着 11年安田記念(GⅠ東京1600)1着
2012年	1着	エーシントップ	1‘21“2	33.6	13年シンザン記念(GⅢ京都1600)1着 13年ニュージーランドT(GⅡ中山1600)1着
	2着	ラブリーデイ	1‘21“3	33.6	15年宝塚記念(GⅠ阪神2200)1着 15年天皇賞秋(GⅠ東京2000)1着
2014年	1着	セカンドテーブル	1‘21“5	34.1	16年鞍馬S(OP京都1200)1着 17年CBC賞(GⅢ中京1200)2着 18年CBC賞(GⅢ中京1200)3着
	2着	サフィロス	1‘21“7	33.5	(JRAでの馬券圏内なし)
2016年	1着	モンドキャンノ	1‘21“9	33.7	16年朝日杯FS(GⅠ阪神1600)2着
2017年	1着	タワーオブロンドン	1‘21“9	33.2	17年朝日杯FS(GⅠ阪神1600)3着、18年アーリントンC(GⅢ阪神1600)1着、19年京王杯SC(GⅡ東京1400)1着、19年セントウルS(GⅡ阪神1200)1着、19年スプリンターズS(GⅠ中山1200)1着
2019年	1着	タイセイビジョン	1‘20“8	33.5	19年朝日杯FS(GⅠ阪神1600)2着 20年アーリントンC(GⅢ阪神1600)1着
	2着	ビアンフェ	1‘21“1	34.4	20年葵S(GⅢ京都1200)1着

遺言

22

馬の「脚質」だけでなく馬の「資質」を考えろ

展開だけでは読み切れない〝一般論とは違う資質〟を持つ馬も存在する

競馬予想をするとき、「ハイペースならば差し馬有利」「スローペースならば逃げ・先行馬有利」など展開について考えますが、しかし能力がずば抜けた馬が展開の不利を覆して好走するのはよくある話です。そしてそれだけでなく「ハイペースでこそ底力が活きる先行馬」や「スローペースでこそ瞬発力が活きる差し馬」という、**〝一般論とは違う資質〟を持つ馬**も存在するのです。

史上最強馬・ディープインパクトは、急流でレコードタイの日本ダービーを圧勝する底力だけではなく、2006年天皇賞（春）ではスローの序盤後方14番手から4角ですでに先頭に立つ早めの捲りで持続力を使い切って圧勝、2006年有馬記念ではスローの4角10番手という絶体絶命の位置から直線だけの瞬発力で完勝と、スローでも勝ち切るためのバリエーションが豊富でした。だからこそ「史上最強」であった訳ですが、普通の馬は「急流の時計勝負で差すのが得意だが、スローでの瞬発力勝負では前の馬に届かない」「スロー先行での流れ込みの好走が多いが、ハイペースでなし崩しに脚を使うと粘れない」と言ったように、武器は限られています。そしてその〝限られ方〟が冒頭で挙げた「脚質」の一般論に沿っている場合が多い反面、レアケースの「資質」を持つ馬もいるのです。

例えば2018年天皇賞（秋）で、テン36・2で逃げて差し馬2頭に交わされるも1分57秒0で走破して3着だったキセキ。テン36・5の20年天皇賞・秋で2番手から抜け出す形ならば、もっとパフォーマンスを上げそうなものでしたが、実際は1分58秒6の5着に終わりました。このように一般論で言えば「楽なペースで好走する」パターンの方が着順を下げる＝〝一般論とは違う資質〟の馬もいるので、これを意識して馬券に落とし込むことで、配当的な妙味を得られることがあるのです。

特異な資質を見つけて〝得意な馬〟にそうでなければ能力を素直に評価

17年フェブラリーSで4角最後方から3着まで追い込んだ、豪脚が武器のカフジテイク。その末脚ゆえに直線長い東京が得意でしたが、しかし追い込み馬だからといってハイペースが得意というわけではありませんでした。16年プロキオンSではテンより上がりが2・6秒もかかる超ハイペースで後方から追い込むも7着まで、しかし同年武蔵野Sではテンより上がりが1・0秒しかかからないミドルペースで3着好走、そして唯一の重賞勝ちとなった17年根岸Sもテンより上がりが1・1秒しかかからないミドルペースで抜群の瞬発力を活かしたものでした。その後冒頭で挙げたフェブラリーSではテンより上がりが2・1秒かかるハイペースで3着しますが、これはむしろ1番人気を裏切った敗戦。17年プロキオンSも超ハイペースで2着しましたが、これも1番人気を裏切って0・3秒差という完敗でした。こうして見るとカフジテイクは、実は**ミドルペースでこそ瞬発力の優位で差し切り、逆に通常差し～追い込みが有利なハイペースでは人気を裏切り続けた馬**なのです。常に人気し続ける馬を条件によって上手く上げ下げすれば馬券的に美味しい思いができるので、ぜひ〝得意な馬〟にしてください。

ちなみにカフジテイクが2番人気で3着と、テンより上がりが1・9秒掛かる急流で人気より凡走した18年根岸Sで、差し切り勝ちを決めたのがノンコノユメ。この馬も従来カフジテイクと同じ瞬発力寄りの差し馬でしたが、ここでひと皮むけて持続力の優位を示したので、さらに急流で底力勝負が見込まれる次走のフェブラリーSで期待したところ、見事4番人気で差し切ってくれました。〝得意な馬〟にして適性を見守り続ければ、その資質の変化にも気づくので、この場合は根岸Sでは取れなくてもフェブラリーSで儲けることができるのです。

逆に**特異な資質でなければ、上位馬のなかで脚質が異なる馬をハイレベルだと認定**して、その後狙い撃つのは常とう手段。【遺言12】で触れたヤマカツグレースが2着の2018ファイナルSは、2・3・5・6着が中団差し馬、4・7・8・9・10着が後方追い込み馬という決着でしたが、勝ったフィアーノロマーノだけが先行押し切りで着差以上に強い内容でした。まさに前ページ冒頭の「能力がずば抜けた馬」のパターンで、この馬が1年後の同舞台GⅡ阪神Cに出走した時は安心して信頼できました（結果は3番人気でグランアレグリアの2着）。

カフジテイク――牡・2012年生

	レース名	コース・馬場	頭数	枠	馬	人気	着順	斤量	タイム	着差	通過順	上り
2016.7.10	プロキオンSGⅢ	名ダ1400稍	15	2	2	9	7	56	1.22.6	0.5	12-13	35.8
2016.10.10	グリーンチャンネルC	東ダ1400稍	16	2	3	6	1	56	1.22.0	-0.2	15-15	34.4
2016.11.12	武蔵野SGⅢ	東ダ1600重	16	2	3	6	3	56	1.34.2	0.4	16-16	34.2
2016.12.4	チャンピオンズCGI	名ダ1800良	15	1	1	11	4	57	1.50.3	0.2	15-15-14-15	36.0
2017.1.29	根岸SGⅢ	東ダ1400良	16	2	3	1	1	56	1.23.0	-0.2	14-15	34.5
2017.2.19	フェブラリーSGI	東ダ1600良	16	5	10	1	3	57	1.35.2	0.1	14-16	34.9
2017.3.25	ゴドルフィンMGⅡ	首ダ1600重	13		13		5	57	----	----		
2017.7.9	プロキオンSGⅢ	名ダ1400良	15	5	8	1	2	57	1.23.2	0.3	12-09	36.0
2017.10.9	南部杯GI	盛ダ1600稍	16	7	14	3	4	57	1.35.7	0.8	06-06	35.1
2017.11.11	武蔵野SGⅢ	東ダ1600良	16	8	16	2	5	57	1.36.1	0.6	14-15	35.1
2017.12.3	チャンピオンズCGI	名ダ1800良	15	6	12	5	7	57	1.50.6	0.5	11-10-08-09	35.9
2018.1.28	根岸SGⅢ	東ダ1400重	13	4	6	2	3	57	1.21.9	0.4	13-13	34.4

2018年12月28日　阪神12R　ファイナルS（1600万下・ハンデ）　芝1400m良

着	馬名	性齢	斤量	騎手	タイム	着差	通過1	上り3F	人気	単オッズ
1	4 ⑦フィアーノロマーノ	牡4	57	川田将雅	1.21.4		3-3	35.7	1	2.6
2	3 ⑤ヤマカツグレース	牝4	54	国分恭介	1.21.6	1 1/4	8-8	35.4	4	12.9
3	4 ⑧サプルマインド	牝5	53	岩田康誠	1.21.6	頭	9-8	35.4	8	19
4	7 ⑮タイムトリップ	牡4	56	浜中俊	1.21.6	ハナ	18-17	34.8	11	27
5	6 ⑫レインボーフラッグ	牡5	56.5	松山弘平	1.21.6	ハナ	6-5	35.6	2	5.6

単勝／260円　複勝／150円、320円、380円　枠連／1,020円　馬連／1,900円
ワイド／710円、970円、2,870円　馬単／2,840円　三連複／11,310円　三連単／39,060円

2019年12月21日　阪神11R　阪神カップ（GⅡ）　芝1400m良　18頭

着	馬名	性齢	斤量	騎手	タイム	着差	通過1	上り3F	人気	単オッズ
1	3 ⑤グランアレグリア	牝3	54	ルメール	1.19.4		8-8	33.5	1	2.1
2	5 ⑩フィアーノロマーノ	牡5	57	スミヨン	1.20.2	5	8-8	34.3	3	6.3
3	3 ⑥メイショウショウブ	牝3	54	松山弘平	1.20.2	頭	2-2	34.9	10	46
4	1 ②レッツゴードンキ	牝7	55	岩田康誠	1.20.2	ハナ	11-11	34.1	5	15.6
5	2 ③ノーワン	牝3	54	坂井瑠星	1.20.4	1	14-13	34.1	13	88.1

単勝／210円　複勝／140円、220円、670円　枠連／960円　馬連／1,050円
ワイド／490円、1,950円、3,330円　馬単／1,400円　三連複／12,060円　三連単／35,220円

遺言
23

競走馬の得意な条件をピンポイントで言語化せよ

得意条件から明らかに外れていれば、人気馬でも思い切って評価を下げられる

ここまで一貫して競走馬の適性を言語化することの大事さを主張してきましたが、特に好走条件について具体的な数値も込みで記録しておくと、予想・馬券購入のうえで明確な指針となります。競走馬は資質が変化することがあるのもこれまで説明してきましたが、単なる「成長」や「本格化」というワードだけに閉じ込めずに具体的な数値の変動として把握するのは重要です。

【遺言22】で触れたキセキは、3歳秋の菊花賞では不良馬場でレース上がり40秒の消耗戦を差し切りましたが、古馬相手のレースで好走条件がかなり明確になっていきます。4歳初戦の日経賞は1番人気ながらレース上がり36・3の流れで逃げて0・7秒差9着と失速、宝塚記念では後方待機に構えますがレース上がり36・0の流れで8着に終わりました。それが秋には一変、レース上がり33・8の毎日王冠で3着、レース上がり34・5の天皇賞（秋）も3着、さらにジャパンCはレース上がり34・4の流れでアーモンドアイの0・3秒差2着と激走しました。これは状態良化という解釈もできますが、「上がり36秒台で惨敗」「上がり33・8〜34・5で好走」という適性面での解釈も可能です。

アーモンドアイが驚異的レコードで優勝したジャパンCでの真っ向勝負2着が評価されて、次走有馬記念ではアーモンドアイ不在のなか2番人気を背負いますが、結果は5着完敗。ここまでの戦績から「程よく上がりが速いレースで好走する」適性と解釈すれば、年末の荒れ馬場で上がりが掛かる急坂のGIでは軽視することが可能でした。「有馬記念だけは買う」ライトファンからすれば「直線長い東京で逃げて2着なら、中山では買い」となりそうな人気馬を、適性面から評価を下げることができればかなり有利なはず。こういう細かい「有利」の積み重ねこそが、馬券成績を向上させるのです。

「スローになればなるほど有利」ではなくその馬特有の得意な流れが存在する

キセキの5歳以降を見ていくと、さらに資質が絞り込まれていくのがよくわかります。5歳春にレース上がり35・5の大阪杯で2着好走したことから、資質が少し拡がったと解釈すれば、夏の好馬場2200m・宝塚記念で好走（レース上がり35・3／2着）するのは想定できますし、より上がりが掛かるであろう年末の荒れ馬場2500m・有馬記念（レース上がり37・6／5着）では再度軽視することが可能でした。

4歳で上がり34秒台前半を得意とし、5歳で上がり35秒台前半までをも好走の舞台としてきたキセキ。6歳になって上がり36秒台の阪神大賞典・天皇賞（春）で7・6着と惨敗して世間的な評価は〝終わった〟とでもいうように大きく下がりましたが、しかしこれはかねてより苦手にしていた「上がりの掛かる長距離戦」だったので、あくまでも適性の問題。能力的に力落ちを懸念しすぎる必要はないと解釈すれば、中距離の宝塚記念ではまだ主力視可能と判断できました。実際の宝塚記念はレース上がり36・3と前年より掛かる展開にはなりましたがキセキは2着に激走、これは稍重馬場を差し引けば実質35秒台だったから好走できたのか、自身が先行しなかった（後方からの捲り）ので粘り込めたのか、はたまた6歳夏にして資質の幅がさらに拡がったのかは不明ですが、これまでの経緯からはここでの好走はある程度予見できたのではないでしょうか。

キセキはその後、上がり35秒台の京都大賞典で2着好走、上がり33秒台と速すぎた天皇賞（秋）では5着に負け、上がりが37秒台になる壊滅的なペースで逃げたジャパンCでは8着まで沈み、そして有馬記念では例によってレース上がり36秒台後半の流れで12着と大敗。決してスローになればなるほど粘りを増すわけではなく、**「レース上がり35秒前後の中距離戦」専用**だと明確に解釈できる馬になりました。

4歳→5歳で資質の拡充を果たして〝本格化〟し、6歳時の天皇賞（秋）のように上がりが速すぎると不安があり、しかし6歳時のジャパンCのように逆に上がりが掛かるハイペースほど良いわけでもなく、レースを重ねるごとに好走条件が絞り込めてきたキセキ。7歳を迎えた時点ではピークを保っているのか微妙なところなので、今後も資質の推移に注意しつつですが、条件が揃う急坂中距離GⅠではまだまだ激走が期待できそうです。

キセキ ―― 牡・2014年生

	レース名	コース・馬場	頭数	枠	馬	人気	着順	タイム	ペース	通過順	上り
2017.10.22	菊花賞GI	京芝3000不	18	7	13	1	1	3.18.9	37.8-40.0	14-14-12-7	39.6
2017.12.10	香港VGI	香芝2400良	12		12		9	2.27.7			
2018. 3.24	日経賞GII	中芝2500良	15	8	14	1	9	2.34.6	31.0-36.0	3-1-1-1	36.7
2018. 6.24	宝塚記念GI	阪芝2200稍	16	8	16	2	8	2.12.5	34.4-36.3	14-15-15-15	35.9
2018.10. 7	毎日王冠GII	東芝1800良	13	1	1	6	3	1.44.7	35.3-33.8	2-2-2	33.9
2018.10.28	天皇賞秋GI	東芝2000良	12	7	10	6	3	1.57.0	36.2-34.5	1-1-1	34.7
2018.11.25	JCGI	東芝2400良	14	5	8	4	2	2.20.9	35.9-34.4	1-1-1-1	34.7
2018.12.23	有馬記念GI	中芝2500稍	16	7	14	2	5	2.32.8	30.2-36.9	1-1-1-1	37.5
2019. 3.31	大阪杯GI	阪芝2000良	14	4	6	2	2	2.01.0	36.4-35.5	2-2-2-2	35.4
2019. 6.23	宝塚記念GI	阪芝2200良	12	1	1	1	2	2.11.3	35.5-35.3	1-1-1-1	35.8
2019. 9.15	フォワ賞GII	仏芝2400良	4		3		3	----			
2019.10. 6	凱旋門賞GI	仏芝2400重	12		4		7	----			
2019.12.22	有馬記念GI	中芝2500良	16	6	11	7	5	2.31.6	29.4-37.6	12-12-11-9	35.8
2020. 3.22	阪神大賞典GII	阪芝3000良	10	8	9	1	7	3.03.6	37.7-36.3	2-2-3-2	36.7
2020. 5. 3	天皇賞春GI	京芝3200良	14	5	8	3	6	3.17.3	38.0-36.0	1-1-1-1	36.8
2020. 6.28	宝塚記念GI	阪芝2200稍	18	7	14	6	2	2.14.5	34.6-36.3	14-13-8-2	37.2
2020.10.11	京都大賞GII	京芝2400稍	17	1	2	1	2	2.25.7	35.5-35.0	17-17-11-7	34.3
2020.11. 1	天皇賞秋GI	東芝2000良	12	6	8	4	5	1.58.6	36.5-33.6	3-3-2	34.1
2020.11.29	JCGI	東芝2400良	15	3	4	6	8	2.24.1	35.3-37.8	1-1-1-1	38.9
2020.12.27	有馬記念GI	中芝2500良	16	3	6	8	12	2.36.5	30.8-36.6	14-14-6-5	37.6

遺言
24

コース適性+ラップ適性=競走馬の真の資質

真の資質に辿り着けば得意なコース以外の適性も推測できる

ここまで、競走馬の適性を言語化し、競馬場の特性を〝分解〟したうえで類似コースをグループ化して把握するのを推奨してきました。これらはすべて、競走馬の「真の資質」にたどり着くための作業ですが、その結果としてコースの類似性を超えた適性を探り当てられる場合があります。

例えばストーミーシーという馬は、準OP4戦で「新潟外1600m・5着」「中山1600m・5着」「東京1600m・2着」「東京1400m・1着」という足跡でOP入りを果たしました。このため「東京コース得意」「1400m得意」というイメージがありましたが、その後11戦連続でマイルを使われて、馬券絡みを果たしたのは中山1600mのGⅢ・ダービー卿CTのみ。今度は成長で適性が変わったかと思いきや、その後2年間で東京1400mと新潟1400mで2回ずつの馬券絡みと当初の適性に戻ってしまったような状況で、この馬の取捨に悩んだ方も多かったのではないでしょうか。

しかし単なるコースだけでなく、レースの中身に言及すれば、準OPの4戦の時点で「テンより上がりが速いレースで5・5着」「テンより上がりが掛かるレースで2・1着」という明確な適性が見えていました。つまり「1600mで瞬発力勝負になると劣るので、上がりが掛かるレースで一瞬のキレで浮上する、そのため急坂+直線短い中山1600mが得意だし、直線長いコースでは1400mの方が脚がもつ」タイプだと想定できます。もちろんこれが事前にわかるわけではなく、レースを重ねるごとに徐々に固まっていき、ペース次第の〝結果論〟になってしまうものでもあります。それでも「コース適性」と「ラップ（ペース）適性」の合算を言語化して真の資質を探る、という目的意識があれば、想定外の結果でも理解不能と諦めるのではなく、今後への〝糧〟とすることができるのです。

中山1600巧者は東京1400で走る馬ばかりではない

前ページで説明したストーミーシーは、同じ1400m戦でも「テンより上がりが1・9秒も速い」東京の19年パラダイスSで4着に敗れたあと「テンより上がりが0・1秒しか速くない」新潟の19年朱鷺Sで1着と巻き返して、さらに「テンより上がりが2・2秒&3・7秒も掛かる」20年パラダイスS・20年朱鷺Sで3・2着と好走します。どんどん消耗戦の適性を明確にしてきましたが、この間に差し・追い込みだった脚質に先行も加わって、自身でタフな流れに持ち込む戦法も取れるようになっていました。20年オーロCではとうとう7歳秋にして中団から捲って3着好走するまでになっており、この時は「テンより上がりが0・6秒速い流れ」でも自分で動いて脚を使い切る形に進化していました。流石にここまで脚質を拡げて流れに対応するまでを読み切るのは難しいですが、【遺言22】の「脚質だけでなく資質で考え」ることにより、東京1400mでも脚を使い切っての好走の可能性は窺い知ることができました。

このように中山1600mと東京1400mを共通して好走する馬は比較的多いのですが、馬によっては逆にこれが落とし穴になる場合もあります。アイスフィヨルドは3歳春に中山1600mで500万下（1勝クラス）を勝ち上がってGⅡ・ニュージーランドTでも5着好走しており、その後も1000万下（2勝クラス）で2・3着するなど、中山マイル巧者の印象がある馬。中山マイルでひと脚使うのが得意なので東京マイルでは足りないと思われていたのか、陣営も東京では1400m中心に使っていました。ところがこの馬は、中山1600mでの2勝クラス3着以内3回は「レース上がりより0・4〜0・7秒だけ速い上がり」でじわじわ伸びていたのに、東京1400での5着以内3回は「レース上がりより0・7〜1・6秒速い上がり」で後方から鋭く伸びていたので、実は東京で「距離が足りない」可能性があったのです。あくまでも可能性の範疇ではありますが東京1600mでの好走は予見できるもので、2勝クラス13戦目にして東京1600mを使った際（実は同クラス初戦でも一度使われており、休養明け&古馬初対戦で4着と健闘していた）に6番人気に留まっていたのはかなり〝美味しい〟状況でした。14・3倍の単勝を含めこの馬からの馬券を取れたのはたまたまではありますが、「真の資質」を探った結果のご褒美としては十分すぎるものでした。

ストーミーシー成績表
(2017年9〜11月の準OP／2018年以降のOP馬券圏内抜粋)

	レース名	クラス	着順	コース	ペース(テン－上がり)	自身上がり
2017.10.29	紅葉S	1600万下	2	東京芝1600m	37.0-38.0	38.4
2017.11.12	奥多摩S	1600万下	1	東京芝1400m	34.4-34.7	33.7
2018. 3.31	ダービー卿CT	GⅢ	3	中山芝1600m	35.0-34.8	34.1
2019. 8.25	朱鷺S	L	1	新潟芝1400m	34.8-34.7	33.6
2020. 3.15	東風S	L	1	中山芝1600m	34.1-36.7	36.3
2020. 6.28	パラダイスS	L	3	東京芝1400m	34.6-36.8	36.1
2020. 8.30	朱鷺S	L	2	新潟芝1400m	33.1-36.8	35.5
2020.11.15	オーロC	L	3	東京芝1400m	35.2-34.6	34.6

アイスフィヨルド成績表
(2018年10月〜2020年5月抜粋)

	レース名	クラス	着順	コース	ペース(テン－上がり)	自身上がり
2018.10. 7	鷹巣山特別	1000万下	4	東京芝1600m	36.4-33.5	33.7
2018.10.27	国立特別	1000万下	4	東京芝1400m	34.0-34.4	33.1
2018.12. 1	1000万下	1000万下	2	中山芝1600m	34.4-35.3	34.7
2018.12.28	ベストウィッシュC	1000万下	4	中山芝1600m	35.4-35.5	35.5
2019. 1.19	1000万下	1000万下	5	中山芝1600m	35.8-35.1	34.7
2019. 4. 7	隅田川特別	1000万下	3	中山芝1600m	35.3-35.0	34.5
2019. 8.10	STV賞	1000万下	7	札幌芝1500m	29.9-35.4	35.1
2019.11. 9	三鷹特別	1000万下	5	東京芝1400m	35.8-34.1	33.4
2019.12. 8	2勝クラス	1000万下	11	中山芝1600m	36.0-34.6	34.4
2020. 1.12	2勝クラス	1000万下	5	中山芝1600m	35.3-35.8	35.7
2020. 2.22	2勝クラス	1000万下	5	東京芝1400m	34.2-36.0	34.4
2020. 4.19	隅田川特別	1000万下	3	中山芝1600m	35.7-36.5	36.1
2020. 5.17	2勝クラス	1000万下	1	東京芝1600m	36.8-33.9	33.4

2020年5月17日　東京8R　2勝クラス(1000万下)芝1600m良　10頭

着	馬名	性齢	斤量	騎手	タイム	着差	通過順	上り3F	人気	単オッズ
1	4④アイスフィヨルド	牡5	57	武藤雅	1.33.4		4-4	33.4	6	14.3
2	8⑩アオイシンゴ	セ6	57	内田博幸	1.33.4	ハナ	3-3	33.6	2	3.2
3	7⑦メッシーナ	牝4	55	武豊	1.33.6	11/2	4-6	33.5	4	9.2
4	1①サトノフォース	牡4	57	ルメール	1.33.6	クビ	10-8	33.2	3	4.0
5	5⑤ロジスカーレット	牡5	57	田辺裕信	1.34.2	31/2	7-6	34.0	8	29.1

単勝／1,430円　複勝／280円、180円、230円　枠連／2,200円　馬連／2,310円
ワイド／730円、1,260円、540円　馬単／6,460円　三連複／4,680円　三連単／36,260円

遺言
25

「中弛みラップ」では「逃げ・先行」と「追い込み」が恵まれる

息が入る「前」と脚が溜まる「後ろ」両方が並び立つ〝中弛み〟の不思議

脚質だけだと〝片手落ち〟で馬の資質を考える大事さについて述べてきましたが、しかし逆に脚質の方をまったく考えないのもまた〝片手落ち〟です。ごく単純化すれば**「ハイペース＝前半速い＝後ろの方にいる（差し・追い込み）馬が有利」「スローペース＝前半遅い＝前の方にいる（逃げ・先行）馬が有利」**というのは基本ですが、では道中のペースが細かく変動する場合はどうなるでしょうか。

テンや上がりに対して相対的に中盤が緩むラップを**〝中弛みラップ〟**と呼びます（というか2001年ごろに私が名付けました）が、その場合逃げ・先行馬は息が入るので粘りやすくなります。となると厳しくなりそうなのが追い込み馬ですが、実は〝中弛みラップ〟でこそ台頭する傾向があるのです。これはそもそも追い込み馬は「道中脚を使わずしっかり溜めて、ラストの爆発力に賭ける形が得意」というのが大前提で、中弛みラップだとその強みが活きる可能性が高いということ。つまり結局〝脚質〟と言いつつ〝資質〟と強く関わっているのですが、これが「追い込み馬」全体の傾向なのです。

3歳牝馬GI秋華賞で、中盤4Fが全体時計の40・8％以上を占めているレースを〝中弛み〟と定義した場合（平均は40・5％）、近年で該当する13・15・19・20年はすべて馬券圏内に1頭ずつ道中14番手以下の追い込み馬が突っ込んでいます（スマートレイアー・クイーンズリング・シゲルピンクダイヤ・ソフトフルート）。2・5・10・9番人気で2・2・3・3着とすべて人気以上の激走、ラスト平坦で直線短い京都内回りでもこうなるのですから、これは〝定石〟として押さえておくべきです。**「中弛みラップ」は前で息が入る「逃げ・先行馬」と同時に、真逆の脚質である「追い込み馬」もしっかり脚を溜められるので浮上する**、というのはまさにラップが展開に与える影響の〝妙〟と言えるでしょう。

馬柱の「テンと上がり」「全体時計」から中盤を推測し〝中弛み〟を見抜け

最近は競馬新聞だけでなく、スポーツ紙・夕刊紙などの馬柱にもペース（H・M・S）が記載されていますが、しかし馬柱記載の「ペース」はあくまでもテンのタイムに準じたもので、ラップの細かい機微はわかりません。このため、前ページで説明した〝中弛みラップ〟を看取するためには「JRA－VAN」や「netkeiba.com」などのデータベースを参照する必要がありますが、新聞の馬柱だけからもある程度判断するコツがあります。それは**「テンと上がりが速いのに、全体時計があまり速くない場合は中盤が緩い＝〝中弛み〟」**ということ。ちなみに「テンはあまり速くなくて、上がりと全体時計が速い」場合は「中盤～上がり」で長くいい脚を使っている、すなわち【遺言21】で説明した「持続力＝例の力」が優秀ということになります。

具体的に言えば、アーモンドアイの天皇賞（秋）を連覇した馬柱を見比べると、テンは「36・2」と「37・5」で2019年の方が1・3秒速く、上がりは「33・8」と「33・1」で2020年の方が0・7秒速いのに、全体時計は「1分56秒2」と「1分57秒8」で19年の方が1・6秒も速いので、20年の方が中盤が1秒も遅い＝相対的に〝中弛み〟だったということがわかります。これは勝ち馬・アーモンドアイ自身の踏破ラップなので厳密にはレースラップとは違いますが、道中捲ったり目立った動きはしていないので、中盤に関しては大まかにリンクするはずで、天皇賞（秋）は19年より20年の方が〝中弛み〟だったと言っていいでしょう（実際レースラップも20年の方が1・5秒中盤が遅い）。

中弛みの20年、12頭立てで4角10・9番手だったフィエールマン・クロノジェネシスが2・3着まで追い込めたのはもちろん彼らの能力あってのことですが、〝中弛みラップ〟でしっかり脚を溜められた〝展開利〟も大きかったはずです。つまりこれまで好走が長距離戦に偏っていたフィエールマンが中距離戦も克服したと考えるのは早計で、仮に今後中距離離戦、特に中盤緩みづらい内回り2000mの大阪杯のようなレースで人気するようならば、疑って見てもいいでしょう。実際にはフィエールマンはその後有馬記念3着を最後に引退してしまいましたが、このように「ラップで得た展開利」の評価を割り引くことによって、その後のレースでの〝妙味〟を取りに行くのは馬券上の大きな武器となり得るのです。

2011～2020年秋華賞の、ラップと1～3着馬の脚質

年度	テン3F（全体に対する比率）	中盤4F（全体に対する比率）	上がり3F（全体に対する比率）	全体時計	1着馬の脚質	2着馬の脚質	3着馬の脚質
2011	34.6(29.3%)	47.8(40.4%)	35.8(30.3%)	1.58.2(稍)	先	先	先
2012	36.5(30.3%)	48.7(40.4%)	35.2(29.2%)	2.00.4(良)	先	逃	差
2013	**34.4(29.0%)**	**48.7(41.1%)**	**35.5(29.9%)**	**1.58.6(良)**	**差**	**追**	**差**
2014	34.5(29.5%)	47.2(40.3%)	35.3(30.2%)	1.57.0(良)	捲	差	差
2015	**33.8(28.9%)**	**47.8(40.9%)**	**35.3(30.2%)**	**1.56.9(良)**	**差**	**追**	**先**
2016	35.8(30.2%)	48.4(40.8%)	34.4(29.0%)	1.58.6(良)	差	先	先
2017	35.6(29.6%)	47.6(39.6%)	37.0(30.8%)	2.00.2(重)	追	差	先
2018	35.7(30.1%)	47.6(40.2%)	35.2(29.7%)	1.58.5(良)	差	逃	差
2019	34.6(28.9%)	48.9(40.8%)	36.4(30.4%)	1.59.9(稍)	先	差	追
2020	**34.9(28.9%)**	**49.3(40.9%)**	**36.4(30.2%)**	**2.00.6(稍)**	**捲**	**差**	**追**

アーモンドアイ（2020年JC出走時の馬柱）

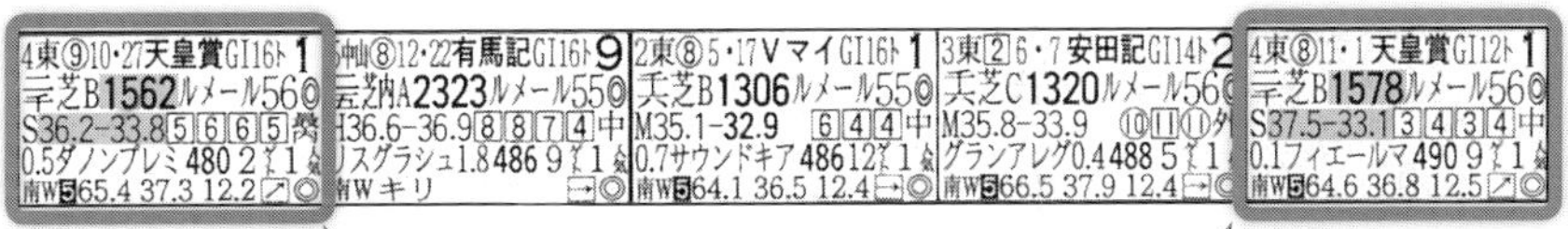

19年　天皇賞・秋

12.8 - 11.4 - 11.5 - 11.6 - 11.7 -
11.6 - 11.3 - 11.1 - 11.3 - 11.9
（35.7-46.2-34.3=1.56.2）

20年　天皇賞・秋

12.7 - 11.7 - 12.1 - 12.1 - 11.9 -
12.0 - 11.7 - 10.9 - 11.1 - 11.6
（36.5-47.7-33.6=1.57.8）

遺言
26

レース中「無理をする」箇所でこそ馬の能力が問われる

楽なペースなら外回ししても斤量重くても消耗小さい厳しいペースでこそコース取りやハンデの影響がある

馬の走破タイムを指数化したり、「斤量1キロは2馬身」などと負荷を着差に置き換えたり、タイムと能力を比例したものとして機械的に数値化する手法が「科学的」だと思われている時代がありました。しかしこれには大きな間違いが潜んでいる場合があります。

「マイル戦で1000mを56秒で走った場合も同じ時計で走れるでしょうか？答えは当然「NO」です。オーバーペースで体力を使い果たして、ゴールを待たずしてパッタリ止まってしまうでしょう。ここまで極端な例だと理解できると思いますが、「楽なペースで追走して、上がりだけ全力で走る」場合と、「序盤激しい逃げ争いをした」「コーナーがハイペースでずっと外を回された」など道中厳しい負荷がかかった場合とで、同じ時計で走れないのが競馬なのです。そして重要なのは**「無理をしないマイペースでの追走の場合は、斤量が重くても外を回されても、さほど消耗しない」**ということ。自分が移動する場合を考えてみれば、徒歩で多少遠回りしてもそのぶんで疲れが激増することはないですが、全力で走るのはわずか数歩でも長くなるときついという感覚は理解できると思います。またその際に手荷物があればなおさらで、全力で走るときにはわずかな荷物の重さの差も気になるでしょう。

つまり、単純に「斤量1キロ増が○馬身」「コーナーで1頭ぶん外を回したら○馬身」というわけではなく、**スピードが速い区間ほど重い斤量や外を回す影響が大きくなる**、ということ。事前にこれを読み切ることは難しいですが、例えばハンデが重い先行馬が外枠を引いた場合、内枠に逃げ・先行馬が揃っていれば、終始外を回されて負荷が大きくなり飛ぶリスクがある、などと想定できます。

遺言 26

レース中「無理をする」箇所でこそ馬の能力が問われる

厳しい流れで外を回せば格上馬でも崩れる 逆に軽い斤量が活きるのも急流でこそ

ラッキーライラックは牡馬相手にGI大阪杯を勝ち、GIエリザベス女王杯を連覇するなど牝馬戦線では圧倒的に格上の存在でしたが、GⅡ府中牝馬Sで3着に負けるなど、格下相手に完敗を喫することがありました。これは「GIの前哨戦では仕上げに余裕がある」という状態面の問題だけだと思われがちですが、それだけではなく「レース史上もっとも中盤が速い(中盤3F35・3)府中牝馬Sで、大外枠からコーナーで外を早めに進出するという負荷がかかった」という、〝受けて立つ〟存在だからこそ**他馬に比べて明らかに「無理をした」箇所があったせい**だと考えるべきでしょう。そうすると19年府中牝馬Sでの3着はむしろ「圧倒的に強い負け方」と解釈することができ、これを叩いた〝本番〟のエリザベス女王杯では有利な内枠を引いて本命視することができました。ちなみにこのレースは古馬の〝大将格〟であるラッキーライラックが前哨戦で負けたことで混戦状態になり、2キロの斤量利もある3歳馬が人気を集めることになりますが、超スローになったことで斤量差もあまり響かず、3番人気に留まっていたラッキーライラックが完勝。まさに「無理をした」前哨戦で人気を落として、「無理をしない」本番で斤量差がある相手にも完勝という、二重の意味でこのセオリーを体現する結果でした。

ちなみに3歳馬が古馬と対戦する夏以降、短距離戦の方が早くから通用しやすいということに関しても、中長距離戦で必要なスタミナの成長が遅れるという体力的な理由もありますが、短距離戦はスピード勝負で「無理をする」箇所が増えるので、3歳馬の斤量利が〝効く〟というシステムが機能しています。そして近年のGI戦線を軒並み牝馬が席巻しているのも、時計勝負が増えたことにより斤量差2キロが大きな影響を与えているからではないでしょうか。

また【遺言11】で、芝1200m戦でもっともテンが速いのは小倉で遅いのは京都だと述べましたが、同じ芝1200mのハンデGⅢでも、京都のシルクロードSより小倉の北九州記念の方が究極のスピード勝負になるので、当然斤量差が〝効く〟傾向があります。北九州記念の連対馬の平均ハンデは54・2キロで、シルクロードSの56・3キロより2キロ以上も軽くなっており、前傾ラップの消耗戦になると格下でも斤量の軽さが大きくものを言う決着になっています。

ラッキーライラック　牝・2015年生

日付	レース名	コース・馬場	頭数	枠	馬	人気	着順	斤量	タイム	着差	通過順	上り
2019.10.14	府中牝馬SGII	東芝1800稍	15	8	15	2	3	54	1.44.8	0.3	6-4-3	34.3
2019.11.10	エリザベス女王杯GI	京芝2200良	18	1	2	3	1	56	2.14.1	-0.2	7-8-8-8	32.8

シルクロードSと北九州記念の平均ラップと勝ち馬・連対馬・馬券圏内馬の平均ハンデ

	シルクロードS			北九州記念		
	1着	2着	3着	1着	2着	3着
2011	58	57	56	52	53	55.5
2012	57	57	53	55	52	52
2013	58	59	53	55	53	53
2014	55	55	53	53	52	54
2015	55.5	56	57	55	55	53
2016	57	56	55	54	56	56
2017	57.5	55	56	53	55	56
2018	57	58	55	56	55	51
2019	56.5	53	57	55	52	54
2020	55	53	54	57	56.5	55.5

	テン3F	上がり3F	全体時計	テン3F	上がり3F	全体時計
平均	34.1	34.1	1.08.20	32.7	34.7	1.07.38

(2011～2020年良馬場のみ平均)

遺言
27

新馬戦より未勝利戦の方がペースも速いし時計も速い

新馬戦が速いのは上がりだけ未勝利戦の方がテンも全体時計も速い

新馬戦（メイクデビュー）と未勝利戦、どちらの方が時計（タイム）が速いと思いますか？名馬はだいたい新馬戦で勝ち上がるのに対して、未勝利戦は言い換えれば〝負け残り戦〟、となれば圧倒的に新馬戦の方が優秀に思えますが…実際は**「あらゆる競馬場のあらゆるコースで、新馬戦より未勝利戦の方が平均タイムが速い」**のです。ごく稀に例外がありますが、この基本は押さえておきましょう。

競走馬は調教によって鍛えられ、その成果をレースで発揮すべく臨みますが、「十数頭がゲートから一斉にスタートする」ことも「各々が予定にない動きをして激しく位置を取り合う」ことも「大観衆の前で走る」ことも、基本的にはレース本番でしか経験できません。つまりデビュー戦は競走馬にとって初めてづくしの経験で、そんななかで「最初から全力で走るのではなく、余力を残しながら運んでゴール前の直線でトップスピードに乗る」ということを教えられる、というのが平均的な走り方になります。つまり新馬戦はスピードがある馬でも飛ばし過ぎないでレースを〝覚える〟のでテンのペースが上がりづらい、それゆえ時計も遅いという仕組みなのです。

「あらゆる競馬場のあらゆるコースで、新馬戦より未勝利戦の方がテンのペースが速い」というのと同時に、**「あらゆる競馬場のあらゆるコースで、未勝利戦より新馬戦の方が上がりは速い」**のもまた定石。よって**デビュー戦の勝ち方で〝スケール〟を測るのは全体時計よりも上がりが中心**になります。ただし勝ち上がってからは未勝利戦と同様あるいはそれ以上のペースでの時計勝負が要求されますので、そこでまたもう一度能力が問われて淘汰されることになるのです。なお**「1→2戦目」**では通常**一気に時計を詰められますが、「2→3戦目」以降ではさほど詰まらない**ので注意が必要です。

少キャリア馬は上がりで伸びしろを測れ 1戦1勝より2戦1勝の方が狙える場合も

左ページの［表1］は、代表的なコースの2歳新馬戦と2歳未勝利戦の「テン3F」「上がり3F」「全体時計」の平均値をまとめたものです。前ページで説明したように、あらゆるコースで「テンは未勝利戦の方が速く」「上がりは新馬戦の方が速く」「全体時計は未勝利戦の方が速く」なっているのがよくわかります。また、新馬戦の「上がりの優位」より未勝利戦の「テンの優位」の方が大きく、特に中央4場（東京・中山・京都・阪神）では倍程度の差がついています。この表では唯一、函館芝1200m戦の全体時計がわずかに新馬戦が速いという逆転現象が起きていますが、これは開催の序盤には未勝利戦がなく馬場水準の差が新馬戦の平均を引き上げているためで、馬場差を差し引けば未勝利戦の方がペースが速くて時計も優位、という他コースと同じ状況です。

2歳戦は実績だけでなく血統背景や厩舎・メディアの希望的観測など「目に見えないもの」が人気を左右することが多々あるので、期待値を上げるためにはしっかりと実績を精査するのが必須ですが、その際「新馬戦より未勝利戦の方がペースが速くなり、時計も速くなる」という大前提を知っておく必要があります。つまり単純な持ち時計の比較では新馬戦勝ち馬より未勝利戦勝ち馬の方が上位になってしまうので、「未勝利戦は時計で能力を測る／新馬戦は上がりの速さで伸びしろ（素質）を評価する」という別々のアプローチが重要になります。

2020年ひまわり賞（九州産馬限定OP）は、ヨカヨカが圧倒的人気に応えて圧勝しましたが、2番手以下は混戦模様。「新馬戦1着（1分10秒2）のカシノレオ」と「新馬戦3着（1分10秒8）→未勝利戦1着（1分09秒2）のテイエムサツマドン」が2番人気を争う形で、前者が2戦目でどこまで時計を詰めるかが焦点でしたが、新馬戦で前者は逃げて上がり35・6、後者は差して上がり34・3と上がりに大きな差があったのが重要な判断材料になりました。2戦目で一気に1・6秒時計を詰めたテイエムサツマドンに対して、上がり遅いカシノレオはそこまで大きな前進が見込めないと推測できました（結果はテイエム2着・カシノ4着）。このように「1戦1勝馬」より『上がり速い2・3着→時計速い1着』の2戦1勝馬」を狙うのは、実際に緩急両方で素質を見せたという意味でも信頼度は上がりますし、〝無敗馬〟は過剰に人気するので妙味が追える場合も多いのです。

2011～2020年の2歳新馬と2歳未勝利戦 平均テン・上がり・全体時計（良馬場限定）

		テン3F平均	上がり3F平均	全体時計平均
東京芝1600m	2歳新馬	36.88	34.54（▲0.44）	1.36.84
	2歳未勝利	35.82（▲1.06）	34.98	1.35.66（▲1.88）
中山芝1200m	2歳新馬	34.82	35.38（▲0.20）	1.10.19
	2歳未勝利	33.91（▲0.91）	35.58	1.09.49（▲0.70）
京都芝外1800m	2歳新馬	37.01	34.63（▲0.67）	1.50.03
	2歳未勝利	35.85（▲1.16）	35.30	1.48.59（▲1.44）
阪神芝外1600m	2歳新馬	36.97	34.47（▲0.40）	1.36.83
	2歳未勝利	35.76（▲1.21）	34.87	1.35.28（▲1.55）
中京芝1400m	2歳新馬	35.42	35.54（▲0.20）	1.23.14
	2歳未勝利	34.75（▲0.66）	35.74	1.22.51（▲0.63）
函館芝1200m	2歳新馬	35.18	35.40（▲0.57）	1.10.58（▲0.07）
	2歳未勝利	34.68（▲0.50）	35.97	1.10.65
小倉芝1200m	2歳新馬	34.30	35.46（▲0.09）	1.09.75
	2歳未勝利	33.70（▲0.60）	35.55	1.09.24（▲0.51）
東京ダート1600m	2歳新馬	36.44	37.45（▲0.58）	1.39.83
	2歳未勝利	35.83（▲0.61）	38.03	1.39.73（▲0.10）
中山ダート1200m	2歳新馬	35.26	38.08（▲0.36）	1.13.34
	2歳未勝利	34.44（▲0.82）	38.44	1.12.88（▲0.46）
中山ダート1800m	2歳新馬	38.61	39.22（▲0.49）	1.57.49
	2歳未勝利	37.87（▲0.74）	39.71	1.56.77（▲0.72）

2020年8月29日　小倉9R
ひまわり賞（OP）芝1200m良　17頭

着	馬名	性齢	斤量	騎手	タイム	着差	通過1	上り3F	人気	単オッズ
1	1②ヨカヨカ	牝2	57	福永祐一	1.09.2		1-1	35.2	1	1.3
2	3⑤テイエムサツマドン	牡2	55	和田竜二	1.09.8	3.1/2	4-2	35.4	2	5.6
3	4⑧ライトシャワー	牝2	55	田中純	1.09.8	クビ	10-7	34.6	5	41.4
4	8⑰カシノレオ	牡2	55	松山弘平	1.09.9	クビ	2-4	35.7	3	8.3

単勝／130円　複勝／110円、120円、350円　枠連／280円　馬連／240円
ワイド／110円、120円、350円　馬単／350円　三連複／2,780円　三連単／4,340円

遺言
28

歳を取るほど差しが利く

「ハイペースだと差し有利」のはずだが2歳~3歳春は差し馬も伸びづらい

一般論として、ハイペースだと逃げ・先行馬の負荷が大きくなって差し・追い込み馬有利の決着になりますが、しかし厳しい流れを追走してしっかり差す側にも底力が必要。成長途上の若い馬のレースではその〝ハードル〟が高く、前も後ろもバタバタになって結局前が残る、というのはよくあります。

具体的に言えば、**2歳戦から3歳春クラシックまで**はハイペースでも逃げ・先行馬が残る傾向があります。これは競走馬の資質が、スピードから先に成長し、底力やスタミナといった要素が後追いでついてくることが関係していると思われます。そもそも馬が全力疾走できるのは800m程度と言われますので、【遺言27】でも説明した「ペース配分して長い距離を走ってバランスよく全力を使い切る」こと自体が、レースを通じて覚えていくことなのでしょう。ましてやゴール前でキッチリ差し切るなどという芸当は、競走馬が後天的に獲得する〝技術〟なのかもしれません。

日本ダービーのレースレコードは、2019年のロジャーバローズ。残念ながらこの馬はこれを最後に引退してしまって〝真の底力〟はわからず終いでしたが、それにしてもここまでGⅡで7・2着だった馬がいきなりこのパフォーマンスができたのは、あらゆる条件が完璧に揃ったせいだと考えられます。逃げ馬が超ハイラップで引っ張るなかで1枠1番からすんなり2番手を取って、距離ロスがまったくないレースで究極の時計勝負に持ち込み、そのせいで人気の差し馬勢が外を回して【遺言26】で説明した「無理をする箇所」でのコースロスが大きく響いた、という構造。逆に言えば、一番外を回して最速上がりの4着馬＝サートゥルナーリアが圧倒的に強い負け方だったと解釈できたので、底力が古馬相手に通用するかはともかく、世代ではトップクラスという確認はできました。

2歳GⅠは「急流こそ先行有利」逆に急流でしっかり差した馬の素質を評価

2歳牝馬GⅠ阪神JFは、外回り+急坂のコースなので一見「差し・追い込み有利」ですが、実際は「ハイペースでも差し馬が有利なわけではない」典型的なレースです。前ページで説明したように若駒だと急流でこそ差す〝ハードル〟が上がるうえに、牝馬はスタミナよりスピードが先行して成長する部分もあるのでしょう。左ページ表で示したように、テンより上がりが0・5秒以上かかる急流の2012・13・15・16・19年はすべて先行馬が馬券に絡んでおり、なかでも直近の15・16・19年は連対馬6頭のうち5頭が逃げ・先行馬で**「前傾ラップでこそ逃げ・先行馬が有利」**の傾向が顕著になっています。

これを逆手に取れば**「若駒戦なのに前傾ラップでしっかり差せている馬は、完成度が高いor素質が優秀」**ということがわかります。前述の直近の急流阪神JFで唯一追い込んで連対した16年2着リスグラシューは、ずっとGⅠ戦線で戦い続け、5歳では宝塚記念・コックスプレート・有馬記念と国内外のGⅠを3連勝して歴史的な名馬へと成長しました。この素質を2歳GⅠから見せていたと言うと大げさですが、少なくともその片鱗は示していました。前ページのサートゥルナーリアと通じる解釈で、2歳牝馬戦ゆえにより価値があったということです。

また阪神JF(GⅠ)・チューリップ賞(GⅡ)・桜花賞(GⅠ)という2歳冬~3歳春の牝馬王道戦線は、すべて同じ「阪神芝外回り1600m」で行われますが、基本的には馬齢を経るに従ってどんどん差し優位になっていきます。2019年阪神JFは超ハイペースなのに逃げ馬レシステンシアが5馬身差圧勝、上がりも最速で死角はまったくなさそうに見えましたが、チューリップ賞ではペースを落とした逃げで3着と失速しました。トライアルゆえに今後の選択肢を増やす意味でもペースを落とすことは十分予想できましたし、同じメンバーで同じコースでも2歳GⅠで逃げ切った勝ち馬を過信せず、単純に「2歳時より差し馬が前進可能」と阪神JFの2・3着馬の馬連を買うだけで26・8倍も付きました。

そしてレシステンシアは桜花賞で、再度超ハイラップの2番手から2着と好走。不良馬場だったので一概には言えませんが、急流で2・3着した逃げ・先行馬よりも、ずば抜けた上がりの勝ち馬=デアリングタクトを評価すべきだったのでしょう。やはり**3歳春までは「急流=差し優位」とは限らない**という認識が大切です。

2011～2020年の阪神JF(GI)の テン・上がり・全体時計と1～3着馬脚質

	テン3F	上がり3F	全体時計	1着馬脚質	2着馬脚質	3着馬脚質
2011年	35.8	34.7	1.34.9	差	先	先
2012年	**34.1**	**36.4**	**1.34.2**	**差**	**先**	**追**
2013年	**34.2**	**35.5**	**1.33.9**	**差**	**追**	**先**
2014年	35.0	35.2	1.34.4	追	差	差
2015年	**34.8**	**35.8**	**1.34.5**	**逃**	**先**	**差**
2016年	**34.7**	**35.2**	**1.34.0**	**先**	**追**	**先**
2017年	35.3	34.4	1.34.3	差	先	差
2018年	34.8	35.0	1.34.1	追	追	差
2019年	**33.7**	**35.2**	**1.32.7**	**逃**	**先**	**差**
2020年	34.9	34.4	1.33.1	先	差	追

2019年12月8日　阪神11R　阪神JF(GI)芝1600m良　16頭

着	馬名	性齢	斤量	騎手	タイム	着差	通過1	上り3F	人気	単オッズ
1	2④レシステンシア	牝2	54	北村友一	1.32.7		1-1	35.2	4	11.2
2	5⑨マルターズディオサ	牝2	54	田辺裕信	1.33.5	5	3-2	35.9	6	43.7
3	5⑩クラヴァシュドール	牝2	54	藤岡佑介	1.33.5	ハナ	8-8	35.5	3	4.8

2020年3月7日　阪神11R　チューリップ賞(GII)芝1600m良　14頭

着	馬名	性齢	斤量	騎手	タイム	着差	通過1	上り3F	人気	単オッズ
1	8⑬マルターズディオサ	牝3	54	田辺裕信	1.33.3		2-2	33.9	4	15.3
2	1①クラヴァシュドール	牝3	54	M.デムーロ	1.33.3	ハナ	4-4	33.8	2	4.9
3	3④レシステンシア	牝3	54	北村友一	1.33.5	1.1/4	1-1	34.2	1	1.4

2020年4月12日　阪神11R　桜花賞(GI)芝1600m重　18頭

着	馬名	性齢	斤量	騎手	タイム	着差	通過1	上り3F	人気	単オッズ
1	5⑨デアリングタクト	牝3	55	松山弘平	1.36.1		13-12	36.6	2	4.2
2	8⑰レシステンシア	牝3	55	武豊	1.36.3	1.1/2	2-2	38.2	1	3.7
3	2③スマイルカナ	牝3	55	柴田大知	1.36.6	1.3/4	1-1	38.6	9	35.5

遺言
29

クラスが上がるほど差しが利く

特にダートでは完璧に機能しかし芝の中距離戦だけは例外

極めて大きな分類ですが、芝の短／中／長距離とダートの短／中長距離の5つのカテゴリーに分けた場合、**逃げ馬が連対する率がもっとも高いのは「ダート短距離」**で、**先行馬が連対する率がもっとも高いのは「ダート中長距離」**になります。そしてそのデータをクラス別に見た場合、総じて**クラスが上がるほど逃げ・先行馬の連対率が下がる**という特徴があるのです。

これは【遺言28】でも説明した「若駒戦ではハイペースでも差しが利きづらい、競馬のレースで差し切るというのは経験を積んで後天的に獲得する〝技術〟である」というのと同じ理屈で、「完成度が劣る下級条件では、ハイペースで差すのもハードルが高い」という仕組みによるものです。

詳細に見ると、未勝利戦では逃げ馬が20%以上連対している「ダート短距離」でも、1勝クラスでは15%台、そして2勝クラス以上だと12%台までその連対率が下がります。また「逃げ+先行馬」を合わせると未勝利では74%が連対している「ダート中長距離」ですが、1・2・3勝クラスではその率が68・65・62%とクラスが上がるごとに順調に下がっていきます。つまりダートでは特に、「クラスが上がるほど差しが利く」という傾向が支配的に機能しているのです。

これに対して芝では、短距離戦は逃げの比率も「逃げ+先行馬」の比率もクラスが上がるほど下がって行く大まかな傾向がありますが、中距離戦・長距離戦ではクラスごとにほぼ差がありません。特に芝中距離戦では「未勝利+1勝クラス」の下級条件戦よりも「2勝+3勝クラス」の上級条件戦の方が、「逃げ+先行馬」の連対率が上がり「差し+追い込み馬」の連対率が下がるという、明確な傾向があるので覚えておきましょう。

「1日のうちの脚質の上げ下げ」の調節でクラス傾向の差を馬券に落とし込め

前ページで説明した、カテゴリーとクラスごとの脚質の傾向をまとめたものが、左ページの表です。まず大前提として競馬は先行有利で、ほぼすべてのカテゴリーで「逃げ+先行」を合わせると半分を超えるということは押さえておきましょう。ダート戦ではさらにその数値が上がり、これは【遺言6】で説明した「芝は多彩、ダートは単純」ということとも重なります。

これに対して芝の中長距離ではクラスと脚質の相関が弱まりますが、これは騎手の要素とも無縁ではありません。【遺言6】の「芝の方が騎手の手腕が影響しやすいこと」・【遺言8】の「距離が長くなるほど騎手の手腕が影響しやすいこと」の両方が重なっているのが芝の中長距離戦であり、馬の能力（本来はクラスが上がるほど差しが利く）を超えて〝展開による紛れ〟が起こるのは、リーディング上位騎手の絶妙な折り合いとペース配分による逃げ・先行がハマる頻度が高まるからなのです。

また「芝長距離戦では3勝クラスで先行馬の比率が高まる」傾向がありますが、これは出走頭数の要素もありそうです。今後は仕組みとして古馬の降級がなくなるので、3勝クラスの頭数が増えて先行馬の優位はやや減り、結果的にあらゆるカテゴリーで「クラスが上がるほど差しが利く」ことになっていくのではないでしょうか。

これらの傾向を予想構築・馬券購入の際に活かす手法としては、**「1日のうちの脚質による上げ下げ」の調節**がもっとも重要になります。「今日は前が残る馬場だな」「差しが決まる馬場だな」という感覚は、芝の中長距離戦では一日を通してある程度同じ尺度で持っていて良いですが、**クラスが上がると明確に差し馬のシェアが上がるダート戦や芝の短距離戦ではそのままの〝ボリューム〟で引きずらない**のが肝要です。特にダート戦は1200mや1800mなど同じ距離が1日のうちに何度も施行されますが、「朝の未勝利戦では前残りだったのに、午後の上級条件では同じような展開で差しが決まる」という決着がよく起こるのは、皆さんも経験があるのではないでしょうか。

時おり新聞などの陣営コメントで「(昇級戦だが)このクラスの流れの方が差しやすい／競馬がしやすい」というようなものがありますが、特に差し・追い込み馬がクラスが上がって有利になるのはダート戦、あるいは芝の短距離戦ということになります。

芝ダート／距離別の連対馬脚質シェア

距離	クラス	逃げ	先行	差し	追い込み	マクリ
芝短距離（～1600）	3歳未勝利	17.5%	41.3%	35.0%	5.9%	0.4%
	古馬1勝クラス	13.3%	33.7%	41.4%	11.2%	0.4%
	2勝クラス	13.1%	40.1%	35.0%	11.5%	0.3%
	3勝クラス	13.9%	36.6%	32.6%	16.1%	0.7%
芝中距離（1700～2300）	3歳未勝利	11.3%	42.1%	36.8%	5.9%	3.9%
	古馬1勝クラス	11.5%	39.5%	34.2%	10.6%	4.1%
	2勝クラス	15.6%	43.2%	27.8%	11.8%	1.7%
	3勝クラス	12.9%	42.0%	30.6%	12.7%	1.7%
芝長距離（2400～）	3歳未勝利	12.5%	41.7%	33.3%	8.8%	3.7%
	古馬1勝クラス	12.7%	47.1%	25.7%	7.5%	6.9%
	2勝クラス	8.4%	43.7%	28.7%	13.3%	5.9%
	3勝クラス	10.0%	50.9%	28.2%	10.9%	-
ダート短距離（～1600）	3歳未勝利	20.7%	50.7%	24.2%	4.3%	0.1%
	古馬1勝クラス	15.1%	44.5%	30.1%	10.3%	0.0%
	2勝クラス	12.3%	43.0%	32.3%	12.3%	0.1%
	3勝クラス	12.6%	41.3%	33.4%	12.6%	-
ダート中長距離（1700～）	3歳未勝利	18.6%	55.3%	20.1%	2.2%	3.8%
	古馬1勝クラス	16.9%	51.5%	22.9%	5.2%	3.5%
	2勝クラス	14.6%	50.5%	26.3%	4.9%	3.7%
	3勝クラス	12.9%	49.3%	26.5%	9.4%	1.8%

遺言

30

2歳戦・3歳戦のOPは「古馬2勝クラス」短距離やダートは成長が早まる

「古馬2勝級」の世代OPをトップが引き上げる時計はトライアルで遅くGIで速くなる

競走馬は3歳の6月から古馬のレースに出走できるようになりますが、それまではデビューしてからずっと同世代限定戦だけを走ります。いわゆる「2歳戦」「3歳戦」というものですが、OP入りには条件戦4勝以上を要する古馬戦と違い2勝するとOP入り（2歳8月までは1勝でOP入り）する競走体系になっています。【遺言3】ではメディアが作り出す「世代レベル」を気にするなと書きましたが、レベル比較以前に大前提として、2・3歳戦と古馬戦の全体像を把握しておきましょう。

2勝するとOP入りするので、2・3歳OPは基本的に古馬2勝クラスと同程度の時計レベルとなります。しかし実際はそのなかに世代のトップクラスが混在するので時おりワンランク上が出現する、具体的に言えば**「2歳GIは古馬2勝クラスより明確に速くなるが、有力馬が分散する3歳のトライアル重賞ではまた古馬2勝クラス前後のレベル、そして3歳GIでは2勝クラスを大きく超えて準OP〜OP級になる」**というのが大まかな枠組みです。**短距離の方がより早くレベルが上がる**傾向があるので、2歳戦では朝日杯FSや阪神JFが古馬2勝クラスより1秒程度速い時計になるのに対して、ホープフルSは2勝クラスとほぼ同程度、中距離戦線はその後しばらく時計レベルが上がりませんが皐月賞で一気に速くなるので、これが皐月賞が荒れやすい原因の一つにもなっています。

そしてもう一つ、ダート戦線は3歳6月までJRAでは重賞すらなく、世代のトップクラスも普通の「OP」で一緒に走るので、**ダートのOPは軒並みレベルが高くなる**傾向があります。具体的には4月の伏竜Sは古馬2勝クラス以下のレベルだったのが5月の青竜Sや鳳雛Sでは一気に上回っており、最初の重賞・ユニコーンSは1秒以上も上回って準OPレベル、というのが例年の基本形です。

遺言
30

2歳戦・3歳戦のOPは「古馬2勝クラス」
短距離やダートは成長が早まる

東スポ杯で初の「古馬2勝クラス」超え
端午S先行馬は古馬相手にすぐ通用

左ページの表は2・3歳の主要なOP・重賞と同開催の古馬2勝クラスの、それぞれ平均タイムを併記したもの。近年は2歳で言えば朝日杯FSへ向かうマイラーとホープフルSへ向かう中距離馬の両方からトップクラスが集う東スポ杯2歳Sが世代最初の「古馬2勝クラス超え」重賞になる傾向があります。

前ページでも説明したとおり若駒はスピードの成長がスタミナに比べて先行するため、中距離戦線はきさらぎ賞や共同通信杯といった一流馬の登竜門となるレースでも古馬2勝クラスより時計が遅いのに対して、短距離戦線は2歳GIで古馬2勝クラスを超えて以降も速い時計水準で推移しています。そして長距離戦であるオークスやダービーは、世代の最高峰レースであるにもかかわらず、平均タイムでは古馬2勝クラスをわずかに超える程度。これは2400mという距離がこれまでの重賞にないスタミナを要することに加えて、【遺言8】で示したように馬の能力より騎手の戦略が展開を決める距離なので数年に一度は超スローが発生するためでしょう。

また重要なのは、重賞で連対した馬を除く3歳OP馬の大半は、6月時点で古馬2勝クラスに編入される、ということ。ここで【遺言3】で言及した「世代レベル」という概念が気になってくるのですが、全体としてのレベル云々よりも「短距離の方が先に時計水準が上がる」「ダートの方が総じて時計レベルが高くなる」という傾向から、3歳馬は「短距離」「ダート」の方が古馬相手に通用しやすい、ということを押さえておきましょう。近年で目立つのは、**3歳5月のOP・端午S（京都ダ1400）**の上位馬が夏以降、古馬相手にも活躍するという現象。特に1分24秒台以内と時計が速い年は活躍が顕著で、さらに【遺言28】の「急流でも前が有利な時期」から差し馬が伸びる時期に差し掛かっていることもあり、急流で先行して踏ん張った馬が激走する傾向があります。15年端午Sは1分23秒3の決着でしたが、1着ホワイトフーガ（JBCレディスクラシック連覇）・2着カフジテイク（フェブラリーS3着）・3着ブルドックボス（JBCスプリント3・1・3着）が全て後にGIで好走。先行して8・9着に沈んだマイネルオフィール・ショコラブランでさえも古馬2勝クラス最初の出走で馬券に絡み、後にはOPを勝っています。このパターンは何度も出現していますので、しっかり狙い撃ちましょう。

2･3歳の主要重賞･OPと当開催の古馬2勝クラス、それぞれの平均タイム(良馬場のみ)

レース名	レースの格	時期	コース	平均タイム	同開催の古馬2勝クラス平均タイム	優劣
デイリー杯2歳S	GⅡ	2歳11月	京都芝外1600	1.35.20	1.34.70	+0.5
東スポ杯2歳S	GⅢ	2歳11月	東京芝1800	1.46.30	1.47.44	▲1.14
阪神JF	GⅠ	2歳12月	阪神芝外1600	1.33.64	1.34.67	▲1.03
朝日杯FS	GⅠ	2歳12月	阪神芝外1600	1'33.58	1.34.67	▲1.09
ホープフルS	GⅠ	2歳12月	中山芝2000	2.01.80	2.01.93	▲0.13
きさらぎ賞	GⅢ	3歳2月	京都芝外1800	1.48.25	1.48.53	▲0.28
共同通信杯	GⅢ	3歳2月	東京芝1800	1.47.23	1.47.24	▲0.01
ヒヤシンスS	OP	3歳2月	東京ダ1600	1.38.15	1.37.32	+0.83
弥生賞	GⅡ	3歳3月	中山芝2000	2.01.37	2.01.64	▲0.27
チューリップ賞	GⅢ→GⅡ	3歳3月	阪神芝外1600	1.33.36	1.34.80	▲1.44
毎日杯	GⅢ	3歳3月	阪神芝外1800	1.46.88	1.46.63	+0.25
スプリングS	GⅡ	3歳3月	中山芝1800	1.48.44	1.48.68	▲0.24
アーリントンC	GⅢ	3歳2→4月	阪神芝外1600	1.33.95	1.34.22	▲0.27
伏竜S	OP	3歳4月	中山ダ1800	1.53.68	1.53.18	+0.5
桜花賞	GⅠ	3歳4月	阪神芝外1600	1.33.70	1.34.14	▲0.44
皐月賞	GⅠ	3歳4月	中山芝2000	1.57.93	1.59.40	▲1.47
スイートピーS	OP	3歳4月	東京芝1800	1.47.60	1.46.97	+0.63
橘S	OP	3歳4→5月	京都芝外1400	1.21.36	1.21.02	+0.34
端午S	OP	3歳4月	京都ダ1400	1.24.76	1.24.39	+0.37
NHKマイルC	GⅠ	3歳5月	東京芝1600	1.32.56	1.33.55	▲0.99
葵S	OP→GⅢ	3歳5月	京都芝内1200	1.08.00	1.08.13	▲0.13
鳳雛S	OP	3歳5月	京都ダ1800	1.52.14	1.52.18	▲0.04
青竜S	OP	3歳5月	東京ダ1600	1.36.57	1.37.08	▲0.51
オークス	GⅠ	3歳5月	東京芝2400	2.24.02	2.24.47	▲0.45
ダービー	GⅠ	3歳5月	東京芝2400	2.24.24	2.24.47	▲0.23
ユニコーンS	OP	3歳6月	東京ダ1600	1.35.85	1.36.92	▲1.07

遺言

馬券師・半笑いの

CHAPTER 4

馬券購入の極意を捉える格言10

遺言
31

JRAのGIは「出走全馬が本気で勝ちに来る」レース

レースの大半は次善や妥協の連続
大レースほど全馬が勝ちにこだわる

そりゃ当たり前だ、何を言っているんだと思われたことでしょう。「日本中央競馬会競馬施行規約」の第41条には「競走に勝利を得る意志がないのに馬を出走させてはならない」と明記してありますし、JRAの競走の賞金額（もっとも賞金が安い未勝利戦でも1着賞金は500万円超え）を考えれば「レースの勝ち負けを仕込む」ような話は荒唐無稽です。ここで言っているのはそういうことではなく、レース前のトレーニングや作戦からレース中のコース取りや追い方まで、全ての競走馬が持てる能力の100%を出し切ることだけを目指すレースばかりではない、ということ。「本来はハイペースに持ち込んで底力勝負にしたいが、仕上がり途上でスタミナに不安があるのでスローでも内で末脚を温存して着を上げるようにする」「絶対に逃げた方がいいが、他にテンが速い逃げ馬がいるので共倒れするよりは2番手の競馬を試す」「この位置から差し切るには内を突くしか間に合わなさそうだが、リスクを冒さず外を回す」など、競馬には常に思い通りにいかず次善策を探す〝判断の分岐〟が無数に存在します。その結果、むしろ「このレースの勝率だけを最大化する」というレースは少なく、馬のダメージを最小化する・今後に繋がるといった内容に落ち着くことも多くなるのです。

それぞれの作戦を読み切るのは極めて困難ですが、これとは逆にGIではほとんどの馬が全力を尽くすということも前提として意識する必要があります。GIを勝てば騎手や厩舎にとって大きな勲章になると同時に馬の引退後の処遇にも関わってくるのですから、そもそも力が足りない馬でもあらゆる手段を駆使して勝てる道を探すはず。つまり下級条件ならばすんなり勝てるほどに力が抜けていても、**レースの格が上がるほど本気で〝下剋上〟を狙う馬が増え、実際に勝つのは難しくなる**のです。

人気馬が〝堅そう〟という感覚も下級条件と重賞では大きく違う

私が個人的にお世話になっているHさんが、普段ほとんど競馬を見ないのに私の予想サイト（http://hanwarai.net/）の会員になってくださいました。その直後の2020年宝塚記念の配信予想で◎クロノジェネシス（2番人気）→▲キセキ（6番人気）の馬連34・1倍を本線サイドで的中、早速恩返しできたぞと思っていたところ、Hさんは「圧倒的1番人気のサートゥルナーリア（実際は4着、私の予想では4番手評価でした）が3着以内は堅いと思ったので、配信予想の◎◯▲とサートゥルナーリアの三連複4頭ボックスを買って外してしまいました」とのこと。配信どおりに買う必要はまったくなく、自分の意志でアレンジしてもらうのはむしろ嬉しいことなのですが、その理由が主に「1番人気が堅そう」ということだったので、予想家としての説明力不足を痛感して申し訳ない気持ちになりました。

競馬はキャリアが多い馬ほど、その能力や適性が明らかになってきます。このため総じてキャリアが豊富な重賞では実力が明確になり、1番人気馬はより「堅そう」に見えるものですが、しかしそのぶん前ページで説明したように「本気で勝ちに来る馬」も増えるので、不測の事態が起こりやすくなります。また同時に、少々適性と外れていても能力が抜けていれば勝ち切りやすい下級条件に比べて、相手も〝資質の引き出し〟を複数持っている馬が増えるので、「能力でカバーする」という芸当も難しくなります。つまり**下級条件と比べて上級条件・格の高いレースでほど、〝堅そう〟という感覚と実際の信頼度の間の差が大きくなっていく**のです。またこの構造を逆方向から読み解けば、**下級条件戦で適性を重視し過ぎて能力上位の人気馬を無理矢理消すのもNG**となります。

左ページの表に示したように、総じてクラスが上がるほど1番人気の成績は悪くなっていきますので、これは大前提として覚えておきましょう。2020年後半のGIで連勝ラッシュがあったので芝では重賞・GIで1番人気の成績がかなり良くなっていますが、これは例外的な状況。条件戦では強い馬はすぐ上のクラスへ移動してしまうのでクラス内の力差が本来小さく、対して重賞（特にGI）は上限がないので顕彰馬レベルが続けて出現するとこういう現象が起こります。それを差し引けば、やはり「力差の割に1番人気の勝率はそこまで高くない」のです。

クラス別1番人気成績

芝

クラス	着別度数	勝率	連対率	複勝率
新　馬	367-187-119-319/992	37.0%	55.8%	67.8%
未勝利	885-471-306-812/2474	35.8%	54.8%	67.2%
1　勝	677-376-314-880/2247	30.1%	46.9%	60.8%
2　勝	376-230-144-442/1192	31.5%	50.8%	62.9%
3　勝	148-100-61-220/529	28.0%	46.9%	58.4%
O　P	315-162-104-343/924	34.1%	51.6%	62.9%
うち重賞	192-90-69-217/568	33.8%	49.6%	61.8%
うちGI	45-12-15-36/108	41.7%	52.8%	66.7%

ダート

クラス	着別度数	勝率	連対率	複勝率
新　馬	155-83-52-177/467	33.2%	51.0%	62.1%
未勝利	1099-672-480-1015/3266	33.6%	54.2%	68.9%
1　勝	872-531-363-1067/2833	30.8%	49.5%	62.3%
2　勝	302-174-133-402/1011	29.9%	47.1%	60.2%
3　勝	136-57-54-152/399	34.1%	48.4%	61.9%
O　P	91-58-28-124/301	30.2%	49.5%	58.8%
うち重賞	23-18-8-28/77	29.9%	53.2%	63.6%
うちGI	3-7-2-1/13	23.1%	76.9%	92.3%

遺言

32

予想家は印を増やすことに、馬券師は印を減らすことに命を懸ける

三連単でヒモを1頭増やせば買い目は激増 それに値する存在かどうか精査せよ

印を増やすと的中率は上がりやすくなりますが、回収率は下がりやすくなります。正確には回収率に関しては一概に言えませんが、少なくとも印を増やすことで上がるとは言えません。新聞やテレビで活躍する予想家ならば「先週メインレースを◎→×で的中」などと宣伝できる可能性が高まるので印を増やすことに意味がありますが、**本来競馬予想は印を減らすことにこそ意味がある**のです。

某夕刊紙に連載されている馬券小説で、主人公らが2021年AJCCの馬券を共同で買う際に「1番人気から三連単1頭軸マルチ、相手5頭」と決めた後で、メンバーの1人が「前走でお世話になった馬を〝渡世の義理〟でヒモに加えてくれ」と申し出て了承される、というシーンがありました。ヒモの頭数で言えば5頭→6頭で「20％増」、軸を含めた馬券対象の頭数で言えば6頭→7頭で「16・7％増」ですが、しかし買い目は60点→90点でなんと「50％増」にもなるのです。これで当たりやすさが50％増えていればともかく、〝義理〟で穴馬を1頭加えて投資金額が18万円から27万円に増えた（1点3000円の設定）のは、回収率の観点からは絶望的な行動と言って良いのではないでしょうか（この小説は〝義理〟を何よりも大切にするお話なので、その観点では味のある行動でした）。ちなみにこの馬券は三連単146・4倍を見事に的中させますが、本来244％だった回収率が163％に低下しています。利益率は144％→63％と半減以下ですから、いかに大変なことをしでかしたのかわかります。

この例は小説のなかの話でしたが、最近は〝SNS映え〟を意識するあまり、回収率よりも的中率を上げることばかりを目標としているような人をよく見かけます。楽しみで馬券を買う分には自由ですが、その楽しみを長く続けるためにも「印を減らす」ということに意識を向けてみましょう。

遺言
32

予想家は印を増やすことに、
馬券師は印を減らすことに命を懸ける

3連系の1頭軸流し馬券は〝劇薬〟相手「3→4頭」で買い目は倍増

前ページの例では三連単1頭軸マルチで相手を5→6頭に増やすと買い目が50％増えるのを示しましたが、左ページの［表1］［表2］はそれぞれ、流し馬券のヒモ・ボックス馬券の頭数をそれぞれ1頭増やすごとに買い目点数が何％増加するのかをまとめています。馬連流しや三連複2頭流しの場合は、当然ながら相手（ヒモ）に比例して買い目点数が増えますが、三連複・三連単の1頭軸流しに関してはその増加比率が格段に上がっています。実際に流し馬券をよく買っている人ならば意識しているでしょうが、**三連複や三連単の1頭軸流しで相手を3頭から4頭に増やすと買い目はちょうど倍増、つまり的中しても回収率は半減してしまう**のですから、改めて考えるとちょっと驚きです。もちろんそのぶん的中率が上がれば文句はありませんが、はたして倍増とまでいくでしょうか？ 事前に的中率を予測することはできませんし、自信度を数値化するのも難しいですが、少なくとも**「買い目を増やすことでこれだけ投資が増えるので、回収の期待値がこれだけ増えないと見合わない」**と常に意識するだけで、馬券の点数は減らせると思います。

このように〝三連単時代〟の現代こそ買い目を減らすことに意味があるので、重点的に取り組む意義がある命題です。ただ逆に言えば、相手が増えると格段に点数が増える馬券だからこそ「あるラインより人気がない馬が絡むと爆発的にオッズが跳ね上がる」傾向があり、敢えてこれを狙い撃つ買い方も馬券術としては成立し得ます。具体的に言えば「◎○2頭軸で8頭流すところを6頭に絞れば投資が25％減らせるので、的中率が2割下がっても回収率は上がる」という戦略をお勧めする一方で、「15頭に流せば投資は150％増えてしまう（2.5倍増）が、その代わり数十万馬券の大ホームランが100回に1回でもあればプラスにできる」戦略もあっていいということ。とはいえこれは途中で資金が切れて1回の大的中を買い損ねると致命傷ですし、◎○▲で的中するより◎○×で跳ねるのを待つような精神衛生上も難しいミッションになりますので、やはり「絞る」方向を強くお勧めします。例えば［表3］の一番右の欄に示したのは「◎＝○▲△＝○▲△××…」という組み合わせのフォーメーション馬券ですが、買い目点数が◎○2頭軸流し馬券と◎1頭軸流し馬券のちょうど中間になっており、バランスが良くお勧め。自分なりの絞り方を研究してみてください。

表1 流し馬券の相手(ヒモ)を増やす場合の買い目点数増加比率

	馬連・三連複2頭軸流し	三連複1頭軸流し	三連単1着固定流し	三連単1頭軸マルチ
2→3頭	2→3点(50%増)	1→3点(200%増)	2→6点(200%増)	6→18点(200%増)
3→4頭	3→4点(33%増)	3→6点(100%増)	6→12点(100%増)	18→36点(100%増)
4→5頭	4→5点(25%増)	6→10点(67%増)	12→20点(67%増)	36→60点(67%増)
5→6頭	5→6点(20%増)	10→15点(50%増)	20→30点(50%増)	60→90点(50%増)

表2 ボックス馬券の頭数を増やす場合の買い目点数増加比率

	馬連・ワイドボックス	馬単ボックス	三連複ボックス	三連単ボックス
3→4頭	3→6点(100%増)	6→12点(100%増)	1→4点(300%増)	6→24点(300%増)
4→5頭	6→10点(67%増)	12→20点(67%増)	4→10点(150%増)	24→60点(150%増)
5→6頭	10→15点(50%増)	20→30点(50%増)	10→20点(100%増)	60→120点(100%増)

表3 1頭軸流し・2頭軸流し・ボックス・フォーメーションの三連複点数比較

本命以外の買い目頭数（X）	三連複1頭軸流し X頭に流す	三連複2頭軸流し (X-1)頭に流す	三連複ボックス (X+1)頭のボックス	三連複 フォーメーション 1頭= 3頭=X頭
3頭	3点	2点	4点	3点
4頭	6点	3点	10点	6点
5頭	10点	4点	20点	9点
6頭	15点	5点	35点	12点
7頭	21点	6点	56点	15点
8頭	28点	7点	84点	18点

遺言
33

人気馬の不確定要素は「リスク」穴馬の不確定要素は「可能性」

ギャンブルである以上都合の良い解釈は期待値的にも有効

馬券を買う行為は、つまるところ「ギャンブル」です。このため、人気馬の不安要素を洗い出して狙い下げる、場合によっては消す、というのは回収率を上げるための常とう手段になります。

例えば、阪神芝外回り1600mで行われる2歳GⅠ・朝日杯FSで、新潟2歳S（GⅢ・新潟外回り1600m）とデイリー杯2歳S（GⅡ・京都外回り1600m）をともにスローで抜群の上がりの瞬発力で連勝したAという馬が1番人気の場合。外回りのマイル戦で速い上がりを使える能力は当然評価すべきですが、しかし重賞連勝はともに直線平坦なコース。ラストに急坂が待ち受ける阪神で、しかもGⅠの厳しいペースを想定すれば、まだ適性的に未知数の部分＝信頼する〝リスク〟があるのではないか？と疑ってみることができます。

これと同じレースに、ききょうS（OP・阪神内回り1400m）で後方から差して届かず2着、萩S（OP・京都外回り1800m）で好位から2着のBという馬が出ており、実績で劣ると判断されて8番人気に留まっていた場合。OPでも勝ち切れないようではBも不確定要素だらけの状況ですが、しかしAと大きく違うのはオッズ的に圧倒的に〝得〟であるということ。この人気ならば、「1800mで好走した底力」と「1400mで届かずとも急坂で差し伸びた末脚」の合わせ技で、未知数の部分を〝可能性〟と読み換えて急坂1600mのGⅠで敢えて評価を上げることもできるのではないでしょうか。

能力も適性も完璧な裏付けがある馬などほぼいないのですから、すでにある材料でギリギリまで未知数の適性を読み取る努力をしたうえで、**最終的に不確定な要素は人気馬の場合「リスク」に・穴馬の場合は「可能性」に読み換えて**、オッズ的な〝妙味〟を追っても良いのです。

遺言
33

人気馬の不確定要素は「リスク」
穴馬の不確定要素は「可能性」

資質の多彩さの〝合わせ技〟で「未知数の穴馬」を加点評価せよ

「走るか走らないかわからない」馬は、人気ならば「買うだけ損」だし人気ならば「買ってみて走れば儲けもの」というギャンブルの対象になる、ということ。期待値を大雑把に解釈すればそうなりますが、では常に不確定要素がある人気馬を消し・穴馬を買う、というのを繰り返していれば儲かるのでしょうか？

――答えは「NO」です。【遺言32】で説明したとおり、未知数の穴馬で毎度買う頭数を増やしていては、回収率は確実に下がります。あくまでも不確定要素と期待値の関係性として、未知数な2頭のうち人気の方をつい買ってしまうぐらいならば、割り切って人気薄の方を買った方が長い目で見て得をするという指針に過ぎません。

では具体的にはどうすれば良いのかというと**「勝つための〝武器〟の角度が多彩な馬ならば、未知数の部分を積極的に可能性と読み換えるべき」**だと思います。例えば前ページの例であれば、Aの馬は重賞連勝という本来ならば買い要素になる戦績が「ともに平坦でのスローの瞬発力勝負での末脚」という適性的に狭い要素しか指し示しておらず、今回違う角度のレースを強いられると崩れるリスクは一定以上あると思われます。対してBの馬はOPでさえ勝てていませんが、2回の2着で「外回り中距離で長くいい脚を使う能力」と「内回り短距離のラスト急坂で速い末脚を使う能力」という、まったく異なる角度の資質を見せたと言えそうです。さらに言えば新馬勝ちがスローの瞬発力勝負で、萩S2着がそれなりに速いペースの底力勝負だったりすると、資質の幅はより充実したものになりそうです。【遺言2】以降一貫して主張してきた「競走馬の能力・適性・評価を言語化する」作業をすることにより、その資質＝勝つための武器の多彩さには自然と気づくはずですので、過去の戦績評価の合わせ技で不確定要素が〝多様性への扉〟になるような馬は、人気薄でもどんどん狙っていきましょう。

2018年朝日杯FSのクリノガウディーは、新馬戦はスローの京都外1800mを瞬発力で完勝、2戦目のGⅢ東スポ杯2歳Sは中盤激流で内の2・4・5番枠の差し馬が上位を占める決着のなか「二桁馬番の先行馬」としては唯一0・5秒差に健闘、7着とはいえ上位の底力を見せていました。この武器の多彩さから〝合わせ技〟で一発あると狙えたので、9番人気・単勝77倍での2着激走は、十分予想の範疇だったのです。

1番人気馬Aと、8番人気馬Bの馬柱例（p145参照）

1番人気馬Aの馬柱

3走前		2走前		前走	
新馬戦1着		新潟2歳S（GⅢ）1着		デイリー2歳S（GⅡ）1着	
新潟外1600m		新潟外1600m		京都外1600m	
1.36.4	Sペース	1.35.1	Sペース	1.34.8	Sペース
上がり34.1	4−4	上がり32.9	8−9	上がり33.6	4−4

8番人気馬Bの馬柱

3走前		2走前		前走	
新馬戦1着		萩S（OP）2着		ききょうS（OP）2着	
阪神外1800m		京都外1800m		阪神内1400m	
1.49.4	Sペース	1.47.4	Mペース	1.22.1	Mペース
上がり33.9	2-3	上がり35.3	3-3	上がり34.6	9-7

クリノガウディーの馬柱（2018年朝日杯FS出走時）

1 1 白	(56.1)56.4 : : : : : : : : 43.1 ←圏	藤岡佑 55 初騎乗	㊀スクリーンヒーロー㊥㊜ 牡2 クリノガウディー クリノビリオネア③ 栗毛 ディアブロ㊥ 栗本博晴 三輪牧場	藤沢則㊜0.0.0.0 1-0-0-1 逃0先0差1追0 400 ・・・・⑦・・・ 中3週0000	010010 000000 000000 001010 ㊨1000	……………… ……… ……………… ……… ……………… ……… 東良1471 秀⑦350 1001 未経験 ………	4京③10・8 新 馬12ト1 天芝外A1500森 裕53△ S37.5−34.2 ⑥⑤⑤内 0.2ミッキーバディ492 1人6人 栗坂 53.3 38.9 13.6↗○	5東⑤11・17東スポ2GⅢ16ト7 天芝C1471戸 崎55 S36.5−35.0③③②②内 ニシノデイジ0.5490 10人12人 栗坂 51.9 37.7 12.1→○	更 手 に 強 相 化 0001 0001

2018年12月16日　阪神11R
朝日杯FS（GI）芝1600m良　15頭

着	馬名	性齢	斤量	騎手	タイム	着差	通過1	上り3F	人気	単オッズ
1	4⑥アドマイヤマーズ	牡2	55	M.デム	1.33.9		3-3	33.9	2	4.6
2	1①クリノガウディー	牡2	55	藤岡佑介	1.34.2	2	4-4	34.0	9	77.4
3	2②グランアレグリア	牝2	54	ルメール	1.34.3	1/2	2-2	34.6	1	1.5
4	8⑭ファンタジスト	牡2	55	武豊	1.34.5	1 1/2	6-6	33.9	3	8.5
5	5⑧ディープダイバー	牡2	55	川田将雅	1.34.7	1 1/4	4-4	34.5	11	105.7

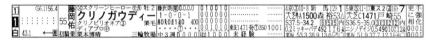

遺言
34

本線馬券と押さえ馬券の〝相関〟「正」なのか「負」なのかを把握すべし

「正の相関」ならば回収率↑的中率↓「負の相関」ならば回収率↓的中率↑

馬券を買うとき1点勝負をすることはそんなに多くはないでしょうから、通常は**「もっとも来てほしい買い目＝本線」**と**「本線以外の買い目＝押さえ」**が存在します。本線は1点だけとは限らず、「◎＝○▲の馬連2点」に厚く張って「◎＝△△××の馬連4点」に薄く張り、前者を〝本線サイド〟という言い方をすることもあります。均等買いのボックスの場合は、配当的には必ずしも印のうえでの本線（馬連◎○や三連複◎○▲など）が「もっとも来て欲しい」とは限りませんが、いずれにせよ本線と押さえは存在します。問題はその本線と押さえの関係が「必ずどちらかしか的中しない」のか「両方的中する可能性がある」のかということで、それによって投じる金額の意味が変わって来るのです。

「必ずどちらかしか的中しない」とすれば、本線と押さえは「負の相関」にあるということ。本線も押さえも馬連という前述の例のように、券種が1種類だけであれば必ず負の相関になります。これに対して、本線が「◎＝○の馬連」で押さえが「◎＝○のワイド」の場合など、前者が当たれば後者も必ず当たる場合は「正の相関」です。本線が「◎＝○の馬連」で押さえが「◎○二頭軸流し＝▲△△××の三連複5点」である場合は、必ず当たるという十分条件ではありませんが、一方が的中している方が他方も当たりやすくなるので、これも「(弱い)正の相関」ということになります。

これを把握したうえで認識すべきは、**本線と押さえが「負の相関」の場合は「回収率を下げる代わりに的中率を上げている」**、**「正の相関」の場合は「的中率を下げる代わりに回収率を上げている」状態であること**。つまり前者の方が資金を大きく割く価値があり、後者は的中率が低くベットは抑えるべきだがダブル的中の目があるので払い戻しは十分跳ねる可能性がある、ということになるのです。

本線馬券と押さえ馬券の〝相関〟「正」なのか「負」なのかを把握すべし

「がんばれ馬券」は本末転倒「弱い正の相関」馬券が基本形

例えば本線馬券が「◎の単勝」の場合の、押さえ馬券との相関のしかたをまとめたのが［表1］です。このなかに一方の的中が他方の的中を100％保証する「強い正の相関」が2種類ありますが、しかしその相関の方向が真逆で、押さえから見て本線がそれぞれ「十分条件」と「必要条件」になっているのがわかります。

本線が押さえの十分条件になっているパターンは、有効な場面がかなり限られます。「本線単勝→押さえ複勝」「本線馬連 or 三連複→押さえワイド」「本線三連単→押さえ三連複」など、押さえの方のオッズが数段安くなるので、押さえでも収益を上げようとすると金額を増やす必要が生じるからです。本線が当たると押さえも必ず当たるのでそれで良いと言えば良いのですが、そもそも「正の相関」馬券は的中率を下げるぶん回収率を上げるべきものなので、オッズの低い押さえに大きな資金を割くのは本末転倒だと考えます。競馬場で購入できる「がんばれ馬券」はこのパターンですが、あくまでも応援がメインのものだと肝に銘じておきましょう。

本線馬券が「◎の単勝」の場合に、押さえ馬券が「◎2着流しの馬単」や「○の単勝」であれば「負の相関」ということになります。文字通り本線が外れた場合を「押さえ」る馬券なので、本来の言葉の意味からは負の相関の場合のみを「押さえ」と呼ぶべきかもしれません。［表1］で例示した◎2着流しや単勝の2点買いはあまり馴染みがないので意外に感じる方もいると思いますが、「押さえ」たぶん的中率が上がるこのパターンがもっともベットを大きくして良いはずで、［表2］［表3］を見てもらえばごく普通の馬券だと理解できると思います。つまり資金が潤沢で的中率を上げたい場合は、本線と同じ券種の押さえ＝「負の相関」の買い目を加えるのが一般的ですが、増やし過ぎると【遺言32】で説明したとおり回収率が下がってしまうので、バランスが大切になります。

資金が少ない場合に回収率重視で馬券を組むには、「正の相関」馬券の「十分条件」以外を採用するのが良いことになります。特に**「弱い正の相関」**の場合が的中率も少し高くなるので、資金の回転率を高めつつダブル的中で〝跳ねる〟買い目も組みやすく、これがもっともお勧めできる馬券のパターンです。結局「単勝＋馬連」「馬連＋三連複」「三連複＋三連単」という使い古された組み合わせには、合理的な理由があるということです。

表1 本線馬券が「◎単勝」の場合の押さえ馬券との関係

Ⓐ本線	Ⓑ押さえ	ⒶとⒷの関係
◎の単勝	◎の複勝	強い正の相関「Ⓐ的中ならば必ずⒷも的中=十分条件」
	◎1着流しの馬単・三連単	強い正の相関「Ⓑの的中にはⒶが必須=必要条件」
	◎流しの馬連・三連複	弱い正の相関「Ⓐ的中だとⒷも当たりやすい」
	◎2着流しの馬単・三連単 ○の単勝	負の相関「Ⓐ的中ならば必ずⒷは不的中」

表2 本線馬券が「◎○馬連」の場合の押さえ馬券との関係

Ⓐ本線	Ⓑ押さえ	ⒶとⒷの関係
◎○の馬連	◎○のワイド	強い正の相関「Ⓐ的中ならば必ずⒷも的中=十分条件」
	◎○→◎○→▲△三連単	強い正の相関「Ⓑの的中にはⒶが必須=必要条件」
	◎○二頭流し三連複	弱い正の相関「Ⓐ的中だとⒷも当たりやすい」
	◎流し▲△への馬連	負の相関「Ⓐ的中ならば必ずⒷは不的中」

表3 本線馬券が「◎一頭軸流し=○▲△三連複」の場合の押さえ馬券との関係

Ⓐ本線	Ⓑ押さえ	ⒶとⒷの関係
◎一頭軸流し=○▲△の三連複	◎Oワイド	強い正の相関「Ⓐ的中ならば必ずⒷも的中=十分条件」
	◎1着流し→○▲△の三連単	強い正の相関「Ⓑの的中にはⒶが必須=必要条件」
	◎流し=○▲△の馬連	弱い正の相関「Ⓐ的中だとⒷも当たりやすい」
	◎=○▲=××の三連複 ○▲△の三連複	負の相関「Ⓐ的中ならば必ずⒷは不的中」

遺言
35

複勝やワイドは穴馬より人気サイドで買え

的中が複数ある馬券は高配当の目ほど払い戻しで損をする

「選んだ2頭がともに3着以内ならば的中」というワイド馬券がJRAで発売開始されたのは1999年、当時は単勝・複勝・枠連・馬連の4種類しかなく、複勝に次ぐ3着馬にも意味がある券種として注目されました。91年に馬連が発売開始されて従来は枠連のゾロ目でしか狙えなかった「万馬券」が日常的なものとなり、馬券の楽しみ＝高配当志向となってきた時期だったので、特に穴党にとってワイドは「3着に穴馬が突っ込んでの高配当」を狙う馬券という認識が根強くあるように思います。しかし実は、**複勝やワイドは穴馬よりも人気馬の組み合わせで買うべき馬券**なのです。その理由は**「払い戻し金の算出方法が、穴馬券が損をし、人気馬券が得をする仕組みになっているから」**です。

的中馬券が3通りある複勝やワイドは、投票総額を3等分して払い戻しするのではなく、**「外れ馬券に投じられた額」を3等分して上積みして払い戻す**仕組みになっています。このため、自分が「大穴の当たり馬券」を的中しても、同時に「人気サイドの当たり馬券」があれば払い戻しの原資となる「外れ馬券」の部分が大幅に減ってしまうのです。的中が1通りの券種（複勝・ワイド以外）であれば「人気馬券の10分の1しか売れていない穴馬券は、オッズが10倍になる」のが基本ですが、的中3通りだとそうはいきません。例えば「全体の3％・20％・30％売れている3通りが的中」になった場合、それぞれの払い戻し倍率は「4・9倍・1・4倍・1・2倍」になり、**「3％しか売れていない馬券の払い戻しは、10倍の30％売れている馬券の4倍程度にしかならない」**のです。逆に言えば人気サイドの複勝やワイドは、穴馬券との売り上げ比で言えばオッズで得をしていることになるので、馬連1点が本線で押さえに悩むぐらいであれば、ワイド1点にシフトする手もあるでしょう。

穴馬絡みのワイドは強弱をつけて三連複総流しに〝変換〟せよ

せっかく穴馬券を的中させても、人気馬も同時に走ってしまうと「穴馬の側が損をする」という複勝やワイド（前ページ参照）。その解決策は、「的中が1通りしかない馬券に置き換える」ことです。

複勝の場合は三連複総流しに置き換えることができますが、これは買い目点数が膨大になり均等買いではオッズのバラつきが大きくなってしまい、逆に買い目に強弱をつけるのも煩雑で〝変換〟はかなり困難な作業となります。しかしワイドの場合は三連複二頭軸流しに置き換えられるので、点数は多くても十数点です。穴馬のワイドを買う際は、ぜひこの〝変換〟をやってみてください。

２０２０年朝日杯FSは、7番人気の伏兵・グレナディアガーズがレコードタイムで押し切って快勝。2着が2番人気ステラヴェローチェ・3着が1番人気レッドベルオーブで、まさに「人気馬が同時に走ったので、穴馬の側が損をした」レースでした。［表1］で示したとおり、勝ち馬の複勝は1番人気の3着馬の4・69分の1しか売れていなかったのに、払い戻しは2・46倍しかつかなかったのは、ほぼ「払い戻しを半分損した」というレベル。ワイド（［表2］）に関しても、1＝2着馬の組み合わせは1番人気（2＝3着馬）のほぼ4分の1しか売れていなかったのに、オッズは3倍強しかつかなかった、という状況です。［表3］のように、この1＝2着馬のワイドを三連複の二頭軸総流しに置き換え、オッズから逆算して金額に強弱をつければ、どの目が来ても総額3万円がほぼ50万円になっています（ちなみにこの割り振りは「JRA－VAN」をPATと連動させていれば、購入予定画面で「資金分配」ボタンを押して「配当均等型」を指定することにより、すべて自動で行うことができます）。ワイド1点に3万円ならば12・8倍で38万４０００円なのですから、少々手間でもこの作業はやる価値があるでしょう。

馬券の払い戻し率は、単勝・複勝が80％（控除率20％）で、枠連・馬連・ワイドが77・5％（控除率22・5％）、馬単・三連複が75％（控除率25％）、三連単が72・5％（控除率27・5％）です。つまり三連複はワイドより控除率は高いのに、それでも〝変換〟でこれほど得をするのですから、これはすなわち「穴馬をワイドで買うのはタブー」であることの証明となるでしょう。逆に言えば、この朝日杯FSの1・2番人気のワイドは相対的に〝得〟なオッズだったと言えそうです。

例題:2020年朝日杯FS(GI)

表1 複勝票数と払い戻し

	複勝票数	1番人気⑧に対する比率	複勝払い戻し	1番人気⑧に対する比率
1着②	455,289	1/4.69	320円	2.46
2着⑦	1,207,055	1/1.77	170円	1.31
3着⑧	2,137,277	1	130円	1

表2 ワイド票数と払い戻し

	ワイド票数	1·2番人気⑦=⑧に対する比率	ワイド払い戻し	1·2番人気⑦=⑧に対する比率
1着②=2着⑦	241,055	1/3.97	1,280円	3.37
1着②=3着⑧	491,399	1/1.95	670円	1.76
2着⑦=3着⑧	957,658	1	380円	1

表3 1着馬(②)·2着馬(⑦)の二頭軸総流し三連複を合計30,000円買った場合の払い戻し

	オッズ(倍率)	購入金額	払い戻し想定額
①=②=⑦	2241	200円	448,200円
②=③=⑦	6173	100円	617,300円
②=④=⑦	201.9	2,500円	504,750円
②=⑤=⑦	249.1	2,000円	498,200円
②=⑥=⑦	1086.2	500円	543,100円
②=⑦=⑧	41.5	12,200円	506,300円
②=⑦=⑨	1230.3	400円	492,120円
②=⑦=⑩	863.9	600円	518,340円
②=⑦=⑪	401.1	1,300円	521,430円
②=⑦=⑫	670.9	800円	536,720円
②=⑦=⑬	107.1	4,700円	503,370円
②=⑦=⑭	179.1	2,800円	501,480円
②=⑦=⑮	513.7	1,000円	513,700円
②=⑦=⑯	548.9	900円	494,010円

遺言
36

◎1着・○2着・▲3着がベストだとは限らない

「人気より上の評価」を買うのが〝妙味〟の正体 必ずしも勝つ馬に◎を打つ必要はない

予想家としてもギャンブラーとしても、◎→○→▲で馬券を的中するのは最高に気持ちいいものです。ただ馬券を買ううえでは様々な戦略があり、必ずしもそれがベストとは限らないのです。

例えば圧倒的1番人気馬がいるレースで誰もが◎を付けている馬に本命を打ち、2〜7番人気に○▲△△××を打って「◎→○→▲」で決着した場合。もちろん馬券を買えば当たるでしょうが、絞る根拠がなければ回収率はそこまで高くならないかもしれません。馬連6点流しでは配分次第でマイナスになる可能性もありますし、三連単もダントツ人気の1着はオッズが被りすぎるので絞り方が難しくなります。ひょっとすると「2番人気◎・1番人気○」の印の人の方が、「敢えて2番人気馬を推す理由があり、それでも負けるとすれば1番人気馬だけ」という意思から「◎の単勝＋◎○の馬連」だけに絞って勝負して回収率が高くなるかもしれません。この〝敢えて〟の部分が重要で、**人気の序列より上の評価の馬を買うのが馬券の〝妙味〟の本質なので、必ずしも「もっとも勝つ確率が高い馬」に◎を打つ必要はない**のです。つまり「◎1着、○2着、▲3着」という印が確実に優れている点は「どの券種を選んでも必ず当たる」ことであって、あらゆる観点から最高の印とは言い切れないのです。

ではどうすべきなのでしょうか？　馬券の〝哲学〟は各人の自由ですが、強いて言えば**「3番手以内の評価の馬のなかで、人気の評価のバランスがもっとも〝得〟な馬」**に◎を打つべきだと思います。3番手以内としたのは便宜的なもので、例えば自分の評価の1・2・3・4番手が1・2・3・8番人気であれば、妙味に寄せて4番手評価に◎を打っても良いと思います。要は自分が納得いくかどうかで、簡単に言えば**「買わずに来たら一番悔しい馬券」が本線になるような印**を打てば良いのです。

遺言 36

◎1着・○2着・▲3着がベストだとは限らない

現役最強馬とて「◎」必須ではない 印とは馬券の〝哲学〟を表現するもの

2013年の大阪杯（当時はGⅡ）、圧倒的1番人気はオルフェーヴルで単勝は1・2倍でした。クラシック三冠を含むG1・5勝、世界最高峰のレース・凱旋門賞でも2着したその実力は現役最強で、まともならば当然本命にすべき馬でした。「まともならば」と表現したのは、4歳初戦の阪神大賞典で歴史に残る大逸走（そこから巻き返して2着）・天皇賞春で謎の後方不発で11着惨敗と、時おり実力をまったく出し切れないことがあり、特に「春季の久々の出走」というのは条件的に最大の不安があったから。まともに走れば1・2倍でもお得なぐらいでしたが、リスクとオッズとのバランスを考えると必ずしもこの馬に「◎」を打つ必要はない、と判断しました。

このレースで私が「◎」を打ったのは、2番人気のショウナンマイティ。前年覇者であり、阪神内回り重賞ではGⅠ宝塚記念3着を含め2・1・2・3着とすべて馬券になっている安定感抜群の存在でした。◎の単勝が2番人気とはいえ9・6倍もついていたので、この馬の単勝とオルフェーヴルとの馬連だけでも勝負として成立しましたが、このレースにはもう1頭面白い存在がいました。それは5番人気・エイシンフラッシュで、前年に同じ距離のGⅠ天皇賞（秋）を制し、阪神内回り重賞ではGⅠ宝塚記念3着を含め3・3・6着と安定、同じ急坂の有馬記念でもオルフェーヴルと0・1差の2着もあり、ここでも十分上位のはずが人気の盲点となっていました。そこでこの馬に「○」を打ち、ダントツ人気のオルフェーヴルは敢えて「▲」に留めて勝負しました。

買い目は◎○二頭軸の三連複。7・7倍の「◎○▲」を勝負目として資金の大半を投じて的中、▲が飛んだ場合はオッズが極めて高くなるので◎○から△3頭へは少額押さえるだけで十分でした（50・5倍・184・0倍・58・0倍）。もしこれが「◎オルフェーヴル○ショウナンマイティ▲エイシンフラッシュ」という印であれば、◎○二頭軸の三連複にした場合△3頭への押さえ（5・2倍・28・7倍・6・6倍）でもプラスにしようとすれば本線の比率はかなり下がってしまうので、今振り返っても**馬券哲学を表現できたベストの印**だったと思います。

このレースの後SNSで「現役最強馬を3番手評価にして当たっても本線とは言えない」としつこく絡んでくる奇特な方がいましたが、この項で書いた〝哲学〟を理解できない方とは、語り合うだけ無駄でしょう。

2013年3月31日　阪神11R
大阪杯（GⅡ）　芝2200m良　14頭

着	馬名	性齢	斤量	騎手	タイム	着差	通過順	上り3F	人気	単オッズ
1	4⑤オルフェーヴル	牡5	58	池添謙一	1.59.0		10-11-9-6	33.0	1	1.2
2	3③ショウナンマイティ	牡5	57	浜中俊	1.59.1	1/2	13-13-12-10	32.9	2	9.6
3	5⑦エイシンフラッシュ	牡6	58	C.デム	1.59.1	クビ	8-8-3-3	33.5	5	12.6
4	4⑥トウカイパラダイス	牡6	56	柴山雄一	1.59.4	1 3/4	2-2-2-2	34.0	6	71.4
5	3④ダークシャドウ	牡6	56	戸崎圭太	1.59.5	1/2	3-2-3-3	33.9	3	10.2

ショウナンマイティ

	レース名	コース	人	着
11.1.22	若駒S	京芝2000	2	3
11.3.6	弥生賞 GⅡ	中芝2000	4	4
11.4.30	青葉賞 GⅡ	東芝2400	2	5
11.8..20	ポプラ H1600	札芝2000	1	1
11.9.25	神戸新聞 GⅡ	阪芝2400	4	5
11.10.23	菊花賞 GⅠ	京芝3000	8	8
11.12.3	鳴尾記念 GⅢ	阪芝1800	6	2
12.3.4	大阪城S	阪芝1800	1	2
12.4.1	大阪杯 GⅡ	阪芝2000	6	1
12.6.2	鳴尾記念 GⅢ	阪芝2000	1	2
12.6.24	宝塚記念 GⅠ	阪芝2200	6	3
13.2.10	京都記念 GⅡ	京芝2200	2	3

エイシンフラッシュ

	レース名	コース	人	着
11.4.3	大阪杯 GⅡ	阪芝2000	3	3
11.5.1	天皇賞春 GⅠ	京芝3200	3	2
11.6.26	宝塚記念 GⅠ	阪芝2200	3	3
11.10.30	天皇賞秋 GⅠ	東芝2000	3	6
11.11.27	JC GⅠ	東芝2400	5	8
11.12.25	有馬記念 GⅠ	中芝2500	7	2
12.3.31	DWC GⅠ	首ダ2000	-	6
12.6.24	宝塚記念 GⅠ	阪芝2200	4	6
12.10.7	毎日王冠 GⅡ	東芝1800	2	9
12.10.28	天皇賞秋 GⅠ	東芝2000	5	1
12.11.25	JC GⅠ	東芝2400	5	9
12.12.23	有馬記念 GⅠ	中芝2500	3	4

オルフェーヴル

	レース名	コース	人	着
11.1.9	シンザン GⅢ	京芝1600	3	2
11.2.6	きさらぎ GⅢ	京芝1800	2	3
11.3.26	スプリング GⅡ	阪芝1800	1	1
11.4.24	皐月賞 GⅠ	東芝2000	4	1
11.5.29	東京優駿 GⅠ	東芝2400	1	1
11.9.25	神戸新聞 GⅡ	阪芝2400	1	1
11.10.23	菊花賞 GⅠ	京芝3000	1	1
11.12.25	有馬記念 GⅠ	中芝2500	1	1
12.3.18	阪神大賞 GⅡ	阪芝3000	1	2
12.4.29	天皇賞春 GⅠ	京芝3200	1	11
12.6.24	宝塚記念 GⅠ	阪芝2200	1	1
12.9.16	フォワ GⅡ	仏芝2400	-	1
12.10.7	凱旋門 GⅠ	仏芝2400	-	2
12.11.25	JC GⅠ	東芝2400	1	2

※3頭とも11年以降の成績

遺言

37

新聞の印に加味されていない最大の情報は「枠順」

〝名探偵〟が見逃さざるを得ない手掛かり それを知ることができるアドバンテージを活かせ

「競馬は人生の縮図だ。これほど内容の詰まった小説は、ほかにない」という名言を残したのは、文豪アーネスト・ヘミングウェイ。この名言に沿って「必ず犯人（＝勝ち馬）が載っていてそのヒントが随所に散りばめられている」という意味で、競馬新聞を推理小説になぞらえる比喩もよく見聞きします。そう考えると、新聞に印を打つ記者や予想家の方々はさしずめ探偵といったところでしょうが、その〝探偵〟が見逃している、いや新聞発行のタイミングのせいで見逃さざるを得ない情報があります。

当日にならないとわからない**「天気」「馬場傾向」「馬体重」「パドックの気配」「返し馬の動き」**などはその最たるもので、そのためにコアな競馬ファンはグリーンチャンネルを通じて情報を収集します。またそれ以上に重要なのは**「オッズ」**で、これも事前にある程度は推測できますが、当日直前にならないと細かい数字はわかりません。そして、新聞記者が印を打つまでにわからない最大の要素が**「枠順」**です。新聞の馬柱にはすべて枠順が入っているので錯覚しがちですが、あれは事前に各馬に印を入れておいて、前日の午前10時に枠番が発表されるとシステムで自動的に並び替えて発行しているのです。八大競走など一部のGⅠ競走は木曜日のうちに枠番が発表されますが、それでもほとんどは最終的な調整程度で、一から枠順ありきで予想をし直すことはまずありません。つまり結局新聞紙面には**ほとんどのレースに関して、枠順を知らないまま打った印が掲載されている**のです。

競馬の〝名探偵〟である記者の皆さんも、スケジュールの都合上こんなに大事な要素を軽視した予想を紙面に出さざるを得ないのです。枠順を知って展開を考え印を打ち馬券を買える我々は、その優位を活かすと同時に、新聞の印にそれが加味されていないことを意識したうえで参考にしましょう。

遺言
37

新聞コメントにも反映されていないので枠順での上げ下げには妙味が潜む

「新聞の印に枠順が加味されていない」ことを、どう活用するのか。まず第一に、「枠順以外のあらゆる要素が反映された実力評価」である新聞の印が人気に大きな影響を及ぼしている現状を踏まえると、逆に枠順を大きく反映させた予想は相対的に妙味を得ることができるはずです。そもそも枠順を重視して予想している自覚がある人はそのままで良いですが、逆にあまり気にしていないという人であれば、状況によっては大胆に枠順で評価を上げ下げしても良いと思います。決して「枠順が着順を決めるもっとも重要な要素」という訳ではなく、**「枠順は着順を決める数多ある要素のうちの一つだが、そのなかでオッズに反映されづらい要素」という背景から、重視するとオッズ的に得をする**、ということなのです。

具体的には、**ダート短距離では外枠の評価を上げ**（細かい個別のコースの特徴は【遺言14】の67ページの表を参照）、**芝コースは内枠の評価を上げる**というのが基本となります（ダート中長距離はほぼイーブン、中枠がやや有利）。当然すぎると思うでしょうが、繰り返しますが新聞の印にはその要素が加味されていないのですから、新聞では無印でも有利な枠の馬に買い要素がないかしつこく探す姿勢はあっていいのです。なお「開催後半の荒れ馬場の芝」「年始の不凍液散布シーズンのダート」は、内の先行馬が止まりやすくなるので**外枠の差し馬を上げる**のがお勧めですが、これは比較的傾向が変動しやすいので、当日のレース（日曜の場合は土曜のレースも含めて）を見て判断することをお勧めします。

そしてもう一つ、新聞紙上の取材の成果やコメントにも枠順が反映されていないので、我々は読む際にその事実を〝合成〟して「枠順を知っている」というアドバンテージを作っていくべきです。具体的には「前走は外枠で前に壁を作れなかったから、今回はしっかり馬の後ろで折り合わせたい」とコメントしている馬が今回大外枠だったり、「前走は内枠で砂を被って嫌がり進んで行かなかったので、今回は上位の地力を見せて巻き返したい」とコメントしている馬が今回最内枠だったりする場合。この場合も記者は枠順を知らないままで「今回は前走よりは条件がいい枠を引くだろう」という希望的観測のもとで巻き返しを予想して重い印を打っていたりするので、それで人気するならば思い切って狙い下げる・消すというのも一つの手段です。

芝距離別・枠順成績

短距離(〜1600m)

枠	成績	勝率	連対率	複勝率	単回収値	複回収値
1〜3枠	1434-1372-1440-16150/20396	7.0%	13.8%	20.8%	75	74
4〜6枠	1560-1639-1553-18145/22897	6.8%	14.0%	20.8%	68	72
7〜8枠	1229-1207-1230-14596/18262	6.7%	13.3%	20.1%	71	70

中距離(1700〜2300m)

枠	成績	勝率	連対率	複勝率	単回収値	複回収値
1〜3枠	1652-1619-1649-16916/21836	7.6%	15.0%	22.5%	67	71
4〜6枠	1905-1985-1935-19696/25521	7.5%	15.2%	22.8%	72	72
7〜8枠	1490-1439-1466-15806/20201	7.4%	14.5%	21.8%	72	69

長距離(2400m〜)

枠	成績	勝率	連対率	複勝率	単回収値	複回収値
1〜3枠	192-196-199-1770/ 2357	8.1%	16.5%	24.9%	65	70
4〜6枠	227-248-231-2149/ 2855	8.0%	16.6%	24.7%	74	75
7〜8枠	190-163-180-1766/ 2299	8.3%	15.4%	23.2%	94	69

ダート距離別・枠順成績

短距離(〜1600m)

枠	成績	勝率	連対率	複勝率	単回収値	複回収値
1〜3枠	1378-1421-1489-18461/22749	6.1%	12.3%	18.8%	69	73
4〜6枠	1685-1716-1665-20039/25105	6.7%	13.5%	20.2%	68	72
7〜8枠	1282-1196-1180-13534/17192	7.5%	14.4%	21.3%	76	73

中長距離(1700m〜)

枠	成績	勝率	連対率	複勝率	単回収値	複回収値
1〜3枠	1248-1204-1294-14064/17810	7.0%	13.8%	21.0%	85	75
4〜6枠	1616-1569-1521-16821/21527	7.5%	14.8%	21.9%	76	75
7〜8枠	1081-1173-1123-12031/1540	7.0%	14.6%	21.9%	76	73

遺言
38

馬柱にギリギリ入っていない戦績が大穴の使者

誰もが見る「過去5走」馬柱の少し〝先〟を見ることが穴馬券への道

競馬予想をする際、何を使うでしょうか。専門紙（競馬新聞）、スポーツ新聞、夕刊紙、そしてJRA－VANやnetkeiba．comなどのオンラインデータベース。一昔前には「競馬場の入口でレープロ（レーシングプログラム）をもらって、血統だけを確認してパドックを見て馬券を買う」という生粋の〝現場派〟もいましたが、今は何らかのデータから予想を構築する人がほとんどだと思いますし、その際に見るものの基本は「馬柱」ということになるでしょう。

新聞の馬柱は多くの場合過去4～6走で、夕刊紙では下級条件の場合は2～3走の場合もありますが、もっとも多いのは「過去5走」程度。オンラインのデータベースはリンクを遡ればいくらでも遡れますがレース単位で馬柱を表示する場合は「過去5走」が多く、JRA－VANもスマホ版では過去5走、パソコン版ではスクロールすれば10走は見られますがデフォルトの表示の大きさだと4走分が見えている状態になります。

その結果、**多くの人は「過去5走以内」に好走がある馬から本命馬を選ぶ**ことになります。もっとも参考にするのは「前走」のパフォーマンスで、前走が条件不適や休養明けなどのハンデがある場合ならば「2～5走前」も踏まえて評価する、というのがごく一般的な競走馬の把握のしかたになります。そのため、どうしても相対的に6走前の好走では加点されづらくなり「過去5走がすべて今回と条件が違うレースで凡走しているが、6～8走前に同じコースの同クラス戦や3歳OPで好走」というような馬でも、人気の盲点となりがちなのです。こういう馬を探すためには面倒くさがらず**「馬柱の少し先（過去）」を見ることが必須**で、その手間が大穴ゲットに繋がるのです。

「馬柱」で見えない情報を新聞紙面に頼らず管理せよ

例えば【遺言12】の58~59ページで触れたヤマカツグレースは、2018年ファイナルSの時点では馬柱が過去5走ならば「13・13・4・5・5着」という数字が並んでいることになり、7走前に同コースで同クラスを一度勝ち上がっていることも、その結果6走前にはOPに出走していたこともわからないことになります。最近の競馬新聞にはデータの種類が増えているので馬柱に見えていない情報の手がかりも多いですが、この際に「距離実績」を参考にすると、同クラスで勝っていても単なる「1着1回」ですしGⅡでの5着も「着外1回」なので、ヤマカツグレースの場合も1400m実績［1・1・0・4］ではさほど注目されないでしょう。

2019年夏以降は古馬が降級するというシステムがなくなったので、過去の実績を見るうえで上のクラスの着順が混ざっている心配はなくなりましたが、それでも着度数だけを見ていれば「3勝クラスでの4着」よりも「未勝利での2着」の方が優秀に見えてしまうという弊害があります。さらに距離だけでまとめた戦績を見てしまうと、【遺言12】で警鐘を鳴らした各場でバラバラの性質を持つ芝1400mを〝ひとまとめ〟にした成績で評価してしまうというリスクもあります。逆に言えば、この〝ひとまとめ〟にした成績のせいで実力より軽視されている馬を見つけたら、穴馬券を取るチャンスだということです。

こういう馬を見逃さないためには、結局「データベースを使って全馬の馬柱を遡って見る」という、愚直で面倒くさい方法を推奨することになってしまうのですが、そんななかでもお勧めなのは「注目馬登録」「メモ入力」の機能を使って分析した結果を残しておく方法です。特にメモは「勝ったとき以外にこそ記載しておく」のが重要で、内回り&急坂巧者だと思っていた馬が外回り&平坦でもそこそこ好走した場合などに注目馬登録をして「京都でも5着ならば阪神替わりで狙い目」などとメモを入力しておくのです。注目馬は出走時には常に教えてくれるので、その際に必ずメモを見るように習慣づけておけば、適条件を走った時には忘れずに買うことができます。

「注目馬」は常に買って追い掛ける〝好きな馬〟を登録するイメージがありますが、条件によって出し入れする「好走条件がある馬」をメモを添えて登録することにより、〝得意な馬〟を作ることができるのです。

[例] 勝ったとき以外に残しておきたい好走条件のメモ

ヤマカツグレース　牝・2014年生

	日付	レース名	コース・馬場	頭数	枠	馬	人気	着順	斤量	タイム	着差	通過順	上り
①	2017.9.17	ローズSGII	阪芝1800良	18	8	18	16	18	54	1.48.6	3.1	2-2	37.8
	2018.2.11	初音S1600	東芝1800良	16	2	3	10	9	54	1.47.8	0.5	2-3-2	34.5
	2018.3.4	武庫川S1600	阪芝1600良	10	5	5	3	4	53	1.34.0	0.4	2-2	34.2
	2018.4.8	大阪ーハンブルクC1600	阪芝1400良	18	2	4	9	1	53	1.21.1	0.0	13-13	34.5
	2018.5.6	鞍馬SOP	京芝1200良	15	7	12	3	14	54	1.09.2	1.2	5-7	34.3
	2018.6.30	TVh杯1600	函芝1200稍	14	5	8	8	13	55	1.09.7	1.1	4-5	35.2
	2018.7.21	函館日刊スポーツ杯1600	函芝1200良	16	3	5	11	13	55	1.09.5	1.1	10-10	34.5
②	2018.9.17	仲秋S1600	阪芝1400良	13	2	2	7	4	54	1.20.7	0.4	6-5	34.0
	2018.10.2	道頓堀S1600	阪芝1200良	9	6	6	6	5	55	1.09.4	0.2	8-6	34.4
③	2018.11.25	渡月橋S1600	京芝1400良	14	4	5	11	5	55	1.21.3	0.3	5-5	33.8
	2018.12.28	ファイナルS1600	阪芝1400良	18	3	5	4	2	54	1.21.6	0.2	8-8	35.4
	2019.1.20	石清水S1600	京芝1400稍	14	8	13	8	7	55	1.22.9	0.7	7-7	35.6
	2019.2.17	斑鳩S1600	京芝1400良	7	2	2	5	6	55	1.23.0	0.8	3-2	34.7
	2019.4.7	大阪ーハンブルクC1600	阪芝1400良	12	1	1	6	2	54	1.20.6	0.1	6-5	35.2

メモ例

①2017年 ローズS

激流追い込み決着で先行して大敗、距離短縮で巻き返しあり

メモ例

②2018年 仲秋S

2着とは僅差・No2上がり、内回り＋急坂がベストか

メモ例

③2018年 渡月橋S

外回り＋平坦でも5着好走、阪神替わりで狙い目

遺言
39

競馬開催中にも馬券のヒントは出続けている

新聞の印には反映されない前日のレース結果も予想の材料にせよ

【遺言37】で、新聞の印に加味されていない要素として「天気」「馬場傾向」「馬体重」「パドックの気配」「返し馬の動き」「オッズ」そして「枠順」を挙げましたが、実はもう一つ、直接的でないものの極めて重要な要素があります。それは**「その週の開催中にすでに終わったレースの成績」**です。具体的に言えば、前日に行われた同条件のレース結果や当日早い時間に行われた1つ下のクラスのレース結果が、これから行われるレースの出走馬の力関係を測るのに役に立つことがあるのです。

特に下級条件では同じレースに出た馬が、次走では3週間後の同条件の土曜と日曜のレースに分かれて出走したりと、予想の材料となる「分析元のレース」が複数のレースで被っている場合は多々あります。例えば中山ダートで言えばほとんどが1200mと1800mで行われるので、前走同舞台のレースを走っている馬が大半になり、あるレースの上位馬は明らかに別のレースの上位馬より活躍している、などの傾向が開催中にも見えてきたりします。特に冬場のダートは同じ良馬場発表でも、乾燥し切っている場合とわずかに湿度がある場合、さらには不凍液を散布した場合などで少し時計レベルが変わってきたりするので、**タイムだけでなく相手関係での比較材料が増える**のはかなり有効な手掛かりとなり得ます。

前走と同じ舞台だけでなく、**【遺言21】の「テン速いレースは距離短縮に、上がり速いレースは距離延長に繋がる」と組み合わせることで応用範囲は広がります。**例えば「この中山1800m戦で先行して負けた馬は東京1600mで巻き返している」などの情報を、レース前日や当日にもしっかり収集して、馬券に役立てましょう。

前日のレースを判断材料として確信を持てれば大勝負も可能に

2021年1月10日(日)の中山1Rは、大半の馬が年末の同舞台戦を戦っているというダート1200mの未勝利戦。「前走超ハイペースのレース【A】で好位から2着」のフクノルッカと、「ペースはそれほど速くないが上がりが優秀で時計はもっとも優秀なレース【B】で好位から3着」のチュイションが人気を分け合うメンバー構成でした。この「2強」に加えて、「ハイペースのレース【C】での後方追い込み4着から、同様にハイペースの次走では中団差しで2着と前進した」エバーサニーハートが時計的にも3番手で、ほぼこの3頭で堅そうでしたが、実は1番人気のチュイションだけがハイペースの経験がないのがわずかな不安という状況。

それが終わってみれば、チュイション→フクノルッカ→エバーサニーハートと人気どおりの決着。年明けの方が乾燥して重い馬場になるので確かな末脚が要求されますが、上がりが速いレース【B】が価値があるということが、この時点でほぼ証明されたのです。

これを受けて翌1月11日(月)の中山1R、ダート1200mの未勝利戦。まずはチュイションが3着した価値あるレース【B】で、最速上がりで2着したトップヴィヴィットが圧倒的に格上なのが想定できました。同舞台戦ではエバーサニーハートが4着のレース【C】で急流の好位から2着したシゲルヒラトリが続きますが、こちらの方が【B】よりハイペースなのに勝ち時計は0・6遅いのですから、レベル的に少し差があるかもしれません。実際この2頭は東京1400m戦の新馬戦で対戦しており、ミドルペースのレース【D】で2着のトップヴィヴィットと6着のシゲルヒラトリの間には2・1秒もの差があったのです。とはいえ中山1200m組でシゲルヒラトリ以上のパフォーマンスはなく、間を割る馬はこの組には見当たりませんでした。そこで東京1400mの未勝利戦を見てみると、ハイペースのレース【E】で先行して6着のアイスマンがいました。同馬はさらにハイペースの東京1300m戦で先行して2着していることから距離短縮で前進が見込めるとして、トップヴィヴィットとシゲルヒラトリの間を割れるならばこの馬だと決め打ちました。

◎トップヴィヴィット○アイスマン▲シゲルヒラトリとして、前日のレースより大きく勝負してみると、見事に大本線で的中。日曜のレース結果も判断材料としてしっかり活かせた結果の、十分すぎるご褒美でした。

前日のレースを判断材料とした的中例

①今回（21年1/10、1/11）のレース前にわかっていた「情報」

■中山ダート1200m戦経験馬

レースA
未勝利（20/12/20）
レースラップ（前後3F）
34.0-39.1
レースタイム
1.13.1
2着 フクノルッカ

レースB
未勝利（20/12/19）
レースラップ（前後3F）
34.6-37.9
レースタイム
1.12.5
2着 トップヴィヴィット
3着 チュイション

レースC
未勝利（20/12/13）
レースラップ（前後3F）
34.4-38.7
レースタイム
1.13.1
2着 シゲルヒラトリ
4着 エバーサニーハート

②1/10（前日）のレース結果

2021/1/10（日）
中山1R未勝利（ダ1200m）

1着	⑧チュイション
2着	⑭フクノルッカ
3着	⑬エバーサニーハート

購入金額	20,000円
払戻金額	74,400円

投票内容

(1)	中山（日）1R	馬連	08－14	8,000円
(2)	中山（日）1R	3連複	08－13－14	4,000円
(3)	中山（日）1R	3連複	08－11－14	2,000円
(4)	中山（日）1R	3連複軸2頭ながし	08－14－4頭	各500円
(5)	中山（日）1R	3連複軸2頭ながし	11－13－2頭	各1,000円
(6)	中山（日）1R	3連複軸2頭ながし	08－14－2頭	各1,000円

③1/10（前日）の結果を受けて追加された「情報」

レースB
の上がりと時計に
価値がある

レースA
は先行力にも
価値あり

レースC
は悪くないが
時計通りの価値

④1/11（翌日）のレース予想に活かす

・【レースB】で速い上がりで2着のトップヴィヴィット
・【レースC】で2着のシゲルヒラトリ
この2頭以外に、中山ダ1200m経験組は太刀打ちできないが、両者には大きな差があるのでは?
→東京ダ1400【レースD】で補完

この2頭の間を割る馬はいないか?
・東京ダ1400【レースE】からアイスマンが候補に出現!

レースD
新馬（20/11/21・東京ダ1400）
レースラップ（前後3F,中2F）
36.0-12.9-37.6
レースタイム
1.26.5
2着 トップヴィヴィット
6着 シゲルヒラトリ

レースE
未勝利（20/11/1・東京ダ1400）
レースラップ（前後3F,中2F）
35.5-12.1-37.1
レースタイム
1.24.7
6着 アイスマン

⑤大勝負成功!

2021/1/11(月)
中山1R未勝利(ダ1200m)

1着	⑮トップヴィヴィット
2着	⑭アイスマン
3着	⑫シゲルヒラトリ

購入金額	80,000円
払戻金額	335,600円

投票内容

(1)	中山（月）1R	3連単1着ながし	15→2頭→2頭	各6,000円
(2)	中山（月）1R	3連単フ	4組	各4,000円
(3)	中山（月）1R	3連単1着ながし	15→3頭→3頭	各2,000円
(4)	中山（月）1R	馬連ながし	15－2頭	各16,000円
(5)	中山（月）1R	馬連	10－15	8,000円

遺言
40

「すべての意見を取り入れる」者は〝オッズの奴隷〟である

あらゆるアプローチを総合すると「オッズ」そのもの何を捨てるかの〝偏見〟が自分の予想スタイルである

自分は簡単に取れたレースで的外れな外し方をしている人や、自分は真っ先に消せた馬に重い印を打って無駄な馬券を買っている人を見た時。相手が仲の良い競馬仲間であればアドバイスをしたくなると思いますし、SNS社会ではあまり知らない人にも意見したくなることがあるかもしれません。

私の場合は予想が職業なので印や馬券が批判の対象になることもあり、親しい友人からまったく知らない人まで、様々な意見を頂いたことがあります。「血統を見ればこれは取れるはず」「今のこの騎手をアタマで買うのはセンスがない」「このレースの特殊な馬場でのラップの価値を過大評価している」「この厩舎・馬主がGIを勝てるはずがない」「トライアルで負けている馬の伸びしろを調教で読むのがプロだ」「このレースはあの前哨戦の○着以内を買えば当たるのに」などなど、正直「確かにそうだな」と思うものから「そんなこと言われても」と思うものまで多種多様な批判やアドバイスを拝見しました。その結果私がどう思ったかというと…**実は、ほとんど何も思っていません。**

競馬はあらゆる角度からのアプローチが可能で、それぞれに理屈や理論があります。そのなかで何を選ぶかは自由ですが、ある理論では絶対取れないレースが別の理論では簡単に取れたり、またはその逆もあるという、多層的でかつ深遠なものが競馬なのです。そのすべてのアプローチを取り入れた者はどうなるか…一見「全知全能の競馬神」にでもなりそうですが、なんのことはない**単なる「オッズ通りの予想」の奴隷**です。つまり**すべての競馬理論を取り入れることは、回収率を向上させることではなく「馬券全体の平均=75%程度」に近づけることに他ならない**のです。そこから何を捨てるかの基準は〝偏見〟でもOK、〝オッズの奴隷〟から脱却するのが自分の予想を確立することなのです。

「すべての意見を取り入れる」者は“オッズの奴隷”である

儲かるならば持論も曲げろ　〝言語化〟できる独自の〝リンク〟を作れ

【遺言10】で示した「2大グループ」のうち〝グループA〟の代表格・中山競馬場と〝グループB〟の代表格・京都競馬場は、【遺言9】で示したように要素をパーツに〝分解〟すると、あらゆる面で真逆の性質を持っているのがよくわかります。

しかし、中山2500mの日経賞が京都外回り3200mの天皇賞（春）の重要なステップレースとなっていたり、京都外回り3000mの菊花賞上位馬が中山2500mの有馬記念で活躍したりと、長距離戦の特定の組み合わせでは、かなり適性がリンクしている印象もあります。これは恐らく、京都外回りの「残り800mから急な下り坂で、その後ゴールまでずっと平坦」という起伏が、中山外回りの「残り1200mから急な下り坂で、その後残り400mまでずっと平坦」という起伏と酷似しているので似たような加速性能が問われること、そして中山はその先に「残り400からわずかに下ってラストの200mは急な上り坂」という最後にタフな難関が待ち受けていることにより、これで最後まで長く良い脚が使えれば一気の距離延長に繋がる、という【遺言21】の「上がり速いレースは距離延長に繋がる」の発展形として機能しているのではないでしょうか。

この〝リンク〟は実際の現象から事後的に考えついたものですが、上記のようにしっかり理屈を〝言語化〟できる一定の整合性があってしかも妙味も取れるので、かなりお世話になっている理論です。左ページ上の表のように菊花賞上位馬の有馬記念での好走は、世代の長距離トップクラスということなのである程度リンクして当然でしょうが、それにしても13・15・16年の1～3着がすべて菊花賞で馬券になった経験がある馬で占められたのは能力だけでなく適性の後押しもあるはずです。また下の表の日経賞上位馬に関しては、同年の天皇賞（春）で馬券になった馬だけでこれだけいて、しかも10番人気以下が近年で3回も激走していることからは、妙味のうえでも役に立つリンクだと言えそうです。

ある意味【遺言10】のグループ分けを捨てているのは一貫性がないかもしれませんが、こういう都合の良い〝偏見〟は、世間の皆が気付いて儲からなくなるまではどんどんやった方が良いと思います。こだわるところはとことんこだわって、しかし割り切るところスパっと割り切ることが、〝オッズの奴隷〟から脱却する秘訣です。

菊花賞上位馬のうち、有馬記念で馬券圏内にきた馬

菊花賞（京都芝外3000m）			有馬記念（中山芝2500m）
2011年	1着	オルフェーヴル	2011年1番人気1着、2013年1番人気1着
	2着	ウインバリアシオン	2013年4番人気2着
2012年	1着	ゴールドシップ	2012年1番人気1着、2013年2番人気3着 2014年1番人気3着
2014年	2着	サウンズオブアース	2015年5番人気2着
	3着	ゴールドアクター	2015年8番人気1着、2016年3番人気3着
2015年	1着	キタサンブラック	2015年4番人気3着、2016年2番人気2着 2017年1番人気1着
2016年	1着	サトノダイヤモンド	2016年1番人気1着
2018年	1着	フィエールマン	2020年2番人気3着
	4着	ブラストワンピース	2018年3番人気1着
2019年	1着	ワールドプレミア	2019年4番人気3着

日経賞上位馬のうち同年の天皇賞（春）で馬券圏内にきた馬

日経賞（中山芝2500m）			同年・天皇賞（春）（京都芝外3200m）
2009年	1着	アルナスライン	4番人気2着
	2着	マイネルキッツ	12番人気1着
2010年	1着	マイネルキッツ	4番人気2着
2012年	2着	ウインバリアシオン	2番人気3着
2013年	1着	フェノーメノ	2番人気1着（2014年は4番人気1着）
2014年	1着	ウインバリアシオン	3番人気2着
	2着	ホッコーブレーヴ	12番人気3着
2020年	1着	ミッキースワロー	4番人気3着
	3着	スティッフェリオ	11番人気2着

終章

40の格言、馬券における実践編

あらゆる角度から、私の競馬及び馬券に関する”哲学”を
言葉に変えて紡いできた、”遺言”という名のメッセージ。
ここからは、この言葉たちの実戦での
応用の方法を掲載してみようと思います。
常々意識している哲学なので、広い意味では的中・不的中を含めて
すべての馬券が該当してしまうのですが、
その中から幾つか象徴的な予想と馬券を紹介します。

2018年 有馬記念

GI・中山芝2500m

1番人気はレイデオロ。今季は同じ中山でGⅡオールカマーを勝ち、GⅠ天皇賞(秋)も快勝してここへ直行。中山得意で格も申し分ないですが、問題は2500mという距離が初めてということ。3歳時にダービーを勝ち、神戸新聞杯勝ちから向かったジャパンCでも2着と2400mでの安定感からは問題なさそうですが、【遺言26】で説明したようにジャパンCは急流ゆえに3歳の斤量利と内枠が最大限効いた可能性はあります。冬の荒れ馬場で急坂の距離延長にわずかに不安もあり、「▲」評価。

2番人気はキセキ。これは【遺言23】で詳しく解説したように、この時点では「上がり34秒前後」のレースに良績が集中しており、上がり掛かる冬の急坂長距離は明らかにマイナス、これを狙い下げるのが妙味の追いどころでした。「×」評価。

3番人気はブラストワンピース。ダービーはトップスピードに乗り掛けた直線で前が壁になって外に出して5着、菊花賞も加速する4コーナーで外々を回して4着、これはともに【遺言26】の「無理をする箇所」でのロスなので額面以上に負荷が大きかったと判断。今度は厳しいGⅠで3歳の斤量利が利く側なので、前進が期待できます。「○」評価。

そして本命「◎」は、9番人気シュヴァルグラン。レイデオロが3歳時に2着したジャパンCでの1着は、斤量差を考えれば絶大な価値がありました。前年有馬記念も不利があっての3着、さらに直前のジャパンC4着はレコード決着で外を回してのものので【遺言26】を考えれば終始内ラチ沿いから2着のキセキよりも価値あり。この人気ならば【遺言40】からも本命にすべきと判断しました。

2018年12月23日　中山11R
有馬記念（GI）芝2500m 18頭

着	馬名	性齢	斤量	騎手	タイム	着差	通過1	上り3F	人気	単オッズ
1	4 ⑧ ブラストワンピース	牡3	55	池添謙一	2.32.2		6-6-7-4	35.7	3	8.9
2	6 ⑫ レイデオロ	牡4	57	ルメール	2.32.2	クビ	9-9-9-8	35.4	1	2.2
3	8 ⑮ シュヴァルグラン	牡6	57	ボウマン	2.32.4	1 1/4	13-11-11-10	35.5	9	22.7
4	6 ⑪ ミッキーロケット	牡5	57	マーフィー	2.32.7	1 1/2	2-2-2-2	36.6	8	22.5
5	7 ⑭ キセキ	牡4	57	川田将雅	2.32.8	3/4	1-1-1-1	37.5	2	5.9

単　勝／890円
複　勝／270円 130円 370円
枠　連／970円
馬　連／940円
ワイド／460円 2560円 690円
馬　単／2400円
三連複／4910円
三連単／25340円

購入金額	28,000円
払戻金額	234,000円

投票内容

(1)	中山（日）11R	3組	
的中	馬連B	各4,000円	
(2)	中山（日）11R	08－12－15	
的中	３連複	4,000円	
(3)	中山（日）11R	05－3頭－3頭	
	３連複軸1頭ながし	各2,000円	
(4)	中山（日）11R	6組	
	３連複フ	各1,000円	

購入金額	6,800円
払戻金額	46,920円

投票内容

(1)	中山（日）11R	12－15
的中	ワイド	6,800円

購入金額	8,000円
払戻金額	37,600円

投票内容

(1)	中山（日）11R	12－2頭
的中	馬連ながし	各4,000円

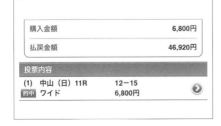

2013年 由比ヶ浜特別

現2勝クラス・東京芝1400m

1番人気はワキノブレイブ。3歳になってから芝1400mのOPだけを4戦使って5・6・4・5着と常に好走、これならば通用しても良さそうですが、しかし【遺言12】の「芝1400mをひとまとめにする人は負け組」から言えば、この4戦のうちもっとも着差が大きいのが今回と同じ東京というのは気になります。【遺言30】の「3歳OPは古馬2勝クラス」からレベル的には「健闘できる」範疇を超えない程度ですし、【遺言3】で説明したように3歳馬の古馬戦での過剰人気は常に疑うのが常道で、信頼はしません。「×」評価。

2番人気はシルクドリーマー。上のクラスで4戦して4・8・7・3着とそこそこ好走して降級初戦。この4戦がすべて同舞台戦なので【遺言12】に関しても信頼度はそれなりに高いですが、今回は【遺言14】の有利な内枠に先行馬が複数いるので追い込み脚質が少し不安で「▲」評価。

3番人気はキングオブブロー。これも上のクラスで8・7着しての降級初戦で、シルクドリーマーの〝下位互換〟。順当に「△」評価。

4番人気ジョーオリオンが「○」評価。上のクラスではこの舞台で11着完敗も、本来の先行策が取れずに中途半端な競馬になったもの。このクラスでは同舞台で8・4・4・1着、特に勝ち上がりは逃げて0・4差の楽勝だったので、今回有利な内枠から行き切れば【遺言7】の逃げの〝利〟が。

そして9番人気デンファレが「◎」評価。この舞台では同クラスで3・2・2着と大得意なのにその間に他の条件で完敗を挟んでいるので12・14・14番人気と常に人気薄、今回もまだ人気はないまま。すぐ隣のジョーオリオンが逃げればすんなり内の好位も取れそうで有利と見ました。

2013年6月2日　東京10R
由比ヶ浜特別（1000万下・ハンデ）芝1400m良　15頭

着	馬名	性齢	斤量	騎手	タイム	着差	通過1	上り3F	人気	単オッズ
1	3 ⑤ デンファレ	牝6	53	的場勇人	1.20.6		2-2	33.7	9	18.9
2	3 ④ ジョーオリオン	牡4	57	吉田豊	1.20.6	ハナ	1-1	34.4	4	7.4
3	4 ⑥ シルクドリーマー	牡4	57.5	田中勝春	1.20.8	1 1/4	7-7	33.3	2	4.3
4	6 ⑪ キングオブロー	牡4	57	柴田善臣	1.20.9	3/4	4-4	33.5	3	6.9
5	5 ⑧ タガノザイオン	牡6	55	浜中俊	1.21.0	1/2	11-11	33.2	10	21
7	5 ⑨ ワキノブレイブ	牡3	54	福永祐一	1.21.0	クビ	4-4	33.7	1	4.3

単　勝／1,890円
複　勝／390円、240円、180円
枠　連／6,380円
馬　連／4,630円
ワイド／1,330円、1,020円、640円
馬　単／15,080円
三連複／5,950円
三連単／55,730円

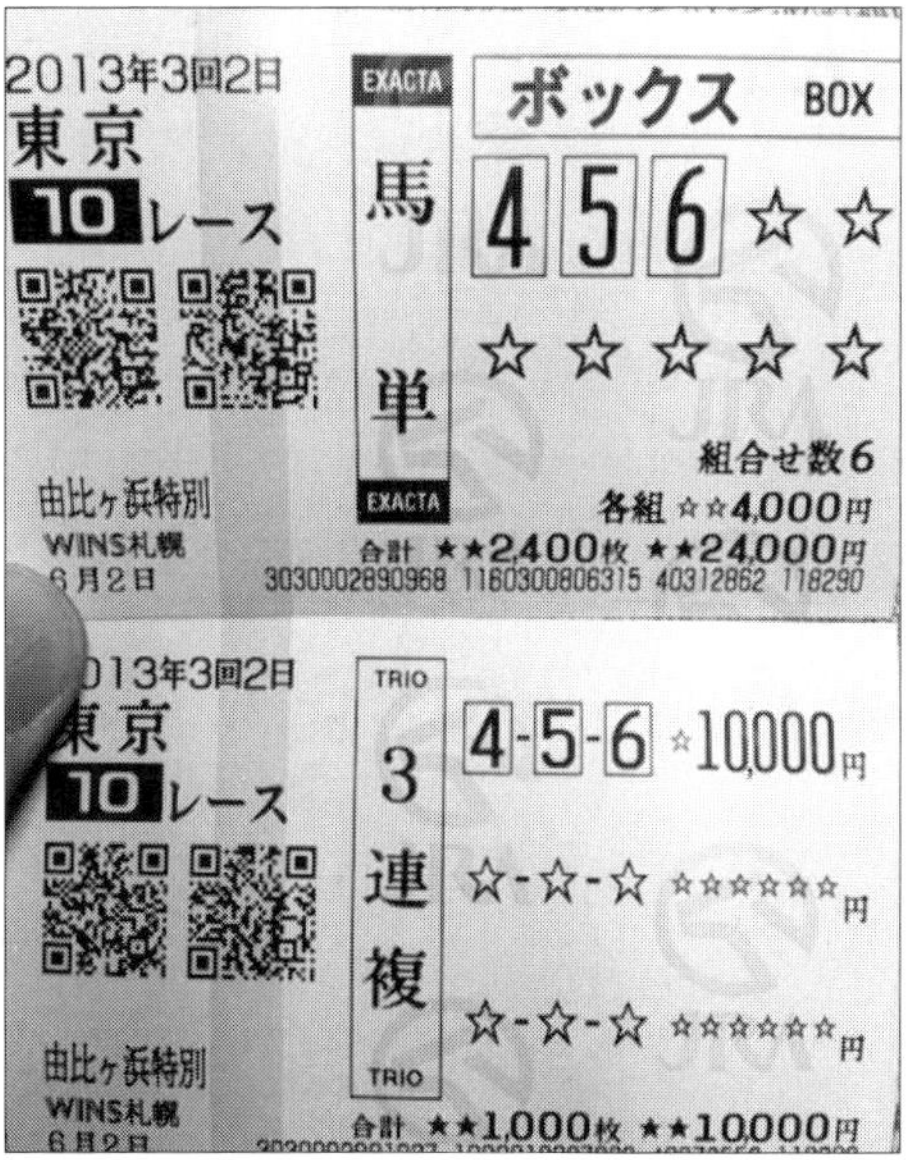

2018年 ファイナルS
現3勝クラス・阪神芝内1400m

2019年 阪神C
GⅡ・阪神芝内1400m

ここでは評価を上方修正していく〝連鎖〟が好判断を招いたパターンを見てみましょう。ちょっと上手く行き過ぎですが、的中が的中を呼びました。

2018年 ファイナルS

【遺言12】で説明したヤマカツグレースが「◎」。4番人気ですが単勝12・9倍とかなり離れた人気で、この舞台ならば安定して上位が期待できるのに妙味は十分でした。

相手筆頭「○」は8番人気サプルマインドを抜擢、このクラスで3・8・12着と頭打ちに見える戦績でしたが、実は急坂（中京・阪神）の1400mに限れば過去2年間2・2・1・1着とパーフェクト連対を続けている馬でこれも妙味は絶大でした。

1番人気のフィアーノロマーノは、このクラスで中山1600m1着と京都1400m4着があり、能力は高そうですが適性的にベスト条件は未知数、「△」評価に留めました。

2019年 阪神C

【遺言22】の最後に説明したフィアーノロマーノが「◎」。前記の2018ファイナルSが差し・追い込み決着のなか唯一好位から完勝したのが圧倒的に格上の内容と判断。それまで適性が未知数の部分がありましたが、この舞台でこそ狙い撃つべきと待ちわびていました。この間にマイルGⅠでは惨敗していましたが、GⅢ・ダービー卿CT（中山1600m）は勝っており、急坂での信頼度十分。

1番人気グランアレグリアは、デビュー以来5戦すべて1600mで、内回り1400mの適性に少し不安あり。とはいえ阪神外回り1600mの桜花賞で自ら動いて押し切る完勝でしかも2・3着が追い込み・差しだったのでこの馬も【遺言26】で言う格上の内容、「○」は打つべき存在でした。

2018年12月28日　阪神12R　ファイナルS（1600万下・ハンデ）　芝1400m良

着	馬名	性齢	斤量	騎手	タイム	着差	通過1	上り3F	人気	単オッズ
1	4⑦フィアーノロマーノ	牡4	57	川田将雅	1.21.4		3-3	35.7	1	2.6
2	3⑤ヤマカツグレース	牝4	54	国分恭介	1.21.6	1 1/4	8-8	35.4	4	12.9
3	4⑧サプルマインド	牝5	53	岩田康誠	1.21.6	頭	9-8	35.4	8	19
4	7⑮タイムトリップ	牡4	56	浜中俊	1.21.6	ハナ	18-17	34.8	11	27
5	6⑫レインボーフラッグ	牡5	56.5	松山弘平	1.21.6	ハナ	6-5	35.6	2	5.6

単勝／260円　複勝／150円、320円、380円　枠連／1,020円　馬連／1,900円
ワイド／710円、970円、2,870円　馬単／2,840円　三連複／11,310円　三連単／39,060円

2019年12月21日　阪神11R　阪神カップ（GⅡ）　芝1400m良　18頭

着	馬名	性齢	斤量	騎手	タイム	着差	通過1	上り3F	人気	単オッズ
1	3⑤グランアレグリア	牝3	54	ルメール	1.19.4		8-8	33.5	1	2.1
2	5⑩フィアーノロマーノ	牡5	57	スミヨン	1.20.2	5	8-8	34.3	3	6.3
3	3⑥メイショウショウブ	牝3	54	松山弘平	1.20.2	頭	2-2	34.9	10	46
4	1②レッツゴードンキ	牝7	55	岩田康誠	1.20.2	ハナ	11-11	34.1	5	15.6
5	2③ノーワン	牝3	54	坂井瑠星	1.20.4	1	14-13	34.1	13	88.1

単勝／210円　複勝／140円、220円、670円　枠連／960円　馬連／1,050円
ワイド／490円、1,950円、3,330円　馬単／1,400円　三連複／12,060円　三連単／35,220円

2018年12月28日
阪神12R
ファイナルS（1600万下・ハンデ）

受付番号	0011
受付時刻	16:12
受付ベット数	4
購入金額	16,000円
払戻金額	76,000円

投票内容
(1) 阪神（金）12R　05ー4頭
的中 馬連ながし　各4,000円

受付番号	0012
受付時刻	16:14
受付ベット数	30
購入金額	10,800円
払戻金額	113,100円

投票内容
(1) 阪神（金）12R　05ー4頭ー4頭
的中 3連複軸1頭ながし　各1,000円
(2) 阪神（金）12R　24組
3連単B　各200円

2019年12月21日　阪神11R
阪神カップ（GⅡ）

受付番号	0002
受付時刻	15:11
受付ベット数	4
購入金額	20,000円
払戻金額	105,000円

投票内容
(1) 阪神（土）11R　05ー10
的中 馬連　10,000円
(2) 阪神（土）11R　02ー2頭
馬連ながし　各4,000円
(3) 阪神（土）11R　01ー10
馬連　2,000円

2019年 安田記念
GI・東京芝1600m

2020年 安田記念
GI・東京芝1600m

前ページの〝連鎖〟に、さらに絡まる鎖がありました。

2019年 安田記念

圧倒的1番人気はアーモンドアイ。しかし桜花賞以来1年ぶりと久々のマイル戦で、常に内が有利な東京芝で外を追い込めば、スペシャリストたちに引けを取る可能性はあると見て、敢えての「△」評価に留めて勝負しました。【遺言1】でいう〝得意な馬〟としての扱いです。

「◎」は3番人気アエロリット。同舞台のGI・NHKマイルCでは1000m通過57・9秒のハイペースの2番手から完勝、前走は同舞台のGI・ヴィクトリアMで5着まででしたが、これは1000m56・1秒という殺人的なラップで逃げたのが響いたものなのでむしろ〝強い負け方〟、マイペースで運べば【遺言7】の〝逃げ〟が大きく効いて巻き返しは必至と見ました。

「○」は同舞台のGⅢ・東京新聞杯を1分31秒台で快勝したインディチャンプとしました。

2020年 安田記念

ここも圧倒的1番人気はアーモンドアイ。前走のヴィクトリアM大楽勝で古馬マイルGIを初めて制し、昨年よりは信頼できる状況。連軸の意味で「◎」としました。

「○」は3番人気グランアレグリア。上がり速い桜花賞を完勝、テン速いNHKマイルCでは完敗を喫したので、急流が多い安田記念ではわずかに不安がありましたが、前ページの阪神内回り1400mで、コース巧者のフィアーノロマーノを5馬身突き放して圧勝したことにより、スピードの補完も十分と判断。素直に「◎=○」で勝負できました。

2019年6月2日　東京11R
安田記念（GI）　芝1600m良　16頭

着	馬名	性齢	斤量	騎手	タイム	着差	通過1	上り3F	人気	単オッズ
1	3 ⑤インディチャンプ	牡4	58	福永祐一	1.30.9		4-5	32.9	4	19.2
2	1 ②アエロリット	牝5	56	戸崎圭太	1.30.9	クビ	1-1	33.9	3	12.5
3	7 ⑭アーモンドアイ	牝4	56	ルメール	1.30.9	ハナ	11-9	32.4	1	1.7
4	3 ⑥グァンチャーレ	牡7	58	松岡正海	1.31.1	1 1/2	2-2	33.9	13	103.3
5	2 ④サングレーザー	牡5	58	岩田康誠	1.31.1	ハナ	7-7	32.9	6	26.9

単勝／1,920円　複勝／290円、240円、110円　枠連／4,010円　馬連／5,670円
ワイド／1,460円、600円、470円　馬単／13,660円　三連複／3,690円　三連単／43,720円

2020年6月7日　東京11R
安田記念（GI）　芝1600m稍　14頭

着	馬名	性齢	斤量	騎手	タイム	着差	通過1	上り3F	人気	単オッズ
1	7 ⑪グランアレグリア	牝4	56	池添謙一	1.31.6		8-7	33.7	3	12
2	4 ⑤アーモンドアイ	牝5	56	ルメール	1.32.0	2 1/2	11-11	33.9	1	1.3
3	4 ⑥インディチャンプ	牡5	58	福永祐一	1.32.1	1/2	9-7	34.1	2	7
4	3 ③ノームコア	牝5	56	横山典弘	1.32.1	クビ	12-13	33.8	7	49.9
5	5 ⑧ケイアイノーテック	牡5	58	津村明秀	1.32.3	1 1/4	12-7	34.3	11	177.6

単勝／1,200円　複勝／180円、110円、130円　枠連／590円　馬連／650円
ワイド／260円、590円、170円　馬単／2,840円　三連複／840円　三連単／11,240円

2019年6月2日　東京11R
安田記念（GI）

購入金額　28,000円
払戻金額　300,600円

投票内容
(1) 東京（日）11R　02－4頭
的中　馬連ながし　各4,000円
(2) 東京（日）11R　02－2頭
馬連ながし　各2,000円
(3) 東京（日）11R　02－05－3頭
的中　3連複軸2頭ながし　各2,000円
(4) 東京（日）11R　02－05－2頭
3連複軸2頭ながし　各1,000円

2020年6月7日　東京11R
安田記念（GI）

購入金額　20,000円
払戻金額　130,000円

投票内容
(1) 東京（日）11R　05－11
的中　馬連　20,000円

購入金額　30,000円
払戻金額　100,800円

投票内容
(1) 東京（日）11R　05－06－11
的中　3連複　12,000円
(2) 東京（日）11R　4組
3連複フ　各3,600円
(3) 東京（日）11R　4組
3連複フ　各900円

2019年 宝塚記念
GI・阪神芝内2200m

2020年 宝塚記念
GI・阪神芝内2200m

こちらは押さえ評価での激走をしっかり評価して、翌年同レースで評価を上げてリベンジした例です。

2019年 宝塚記念

1番人気はキセキ。【遺言23】で説明したとおり、ここまでは好走の大半が上がり34秒台で、35秒台になりそうな急坂2200mではまだ半信半疑だったので「△」評価に留めました。

「◎」は3番人気のリスグラシュー、ここまで中距離GIでの連対は京都・香港と平坦のみなのをどう見るか…しかし【遺言10】で阪神と同じ〝グループA〟の中京GⅡ・金鯱賞で最速上がりの2着があり、ここでの能力も適性も上位と判断しました。

2020年 宝塚記念

1番人気はサートゥルナーリア。ここまで〝グループA〟のGI・ホープフルSと皐月賞を勝っており、有馬記念でも2着と急坂コースは得意に見えますが、2・3歳の世代戦はまだ信用できず、そう考えると古馬GIでの実績は長距離戦の有馬記念のみ。【遺言23・24】に従って、ラップ込みで適性を言語化すれば、ダービー4着・天皇賞（秋）6着からは「ハイペースの中距離戦では崩れることもある」と見て、「△」評価に留めました。

「◎」は2番人気クロノジェネシス。こちらは上がり33秒台の桜花賞・35秒台のオークスで3着まで、36秒台の秋華賞で完勝しており、急流で上がりが掛かる急坂阪神内回りは合いそう。

そして前年1番人気で「△」に留めたせいで押さえでしか取れなかったキセキが、この年は6番人気と評価を下げていましたが、【遺言23】の説明どおり二度の阪神GI激走で資質の拡充が確認できたので、ここでは評価を上げて「▲」として勝負しました。

2019年6月23日　阪神11R
宝塚記念（GI）　芝2200m良　12頭

着	馬名	性齢	斤量	騎手	タイム	着差	通過1	上り3F	人気	単オッズ
1	8 ⑫ リスグラシュー	牝5	56	レーン	2.10.8		2-2-2-2	35.2	3	5.4
2	1 ① キセキ	牡5	58	川田将雅	2.11.3	3	1-1-1-1	35.8	1	3.6
3	8 ⑪ スワーヴリチャード	牡5	58	M.デムーロ	2.11.6	2	4-4-3-3	35.7	6	8.8
4	4 ④ アルアイン	牡5	58	北村友一	2.11.9	2	3-2-3-3	36.1	5	8.4
5	2 ② レイデオロ	牡5	58	ルメール	2.12.1	3/4	6-6-5-5	36.0	2	3.9

単勝／540円　複勝／180円、140円、260円　枠連／620円　馬連／970円
ワイド／340円、760円、630円　馬単／2,210円　三連複／2,720円　三連単／14,560円

2020年6月28日　阪神11R
宝塚記念（GI）　芝2200m稍　18頭

着	馬名	性齢	斤量	騎手	タイム	着差	通過1	上り3F	人気	単オッズ
1	8 ⑯ クロノジェネシス	牝4	56	北村友一	2.13.5		7-8-7-1	36.3	2	4.1
2	7 ⑭ キセキ	牡6	58	武豊	2.14.5	6	14-13-8-2	37.2	6	14.2
3	6 ⑫ モズベッロ	牡4	58	池添謙一	2.15.3	5	12-11-11-8	37.6	12	106.1
4	3 ⑤ サートゥルナーリア	牡4	58	ルメール	2.15.6	1 3/4	10-10-11-10	37.6	1	2.4
5	5 ⑩ メイショウテンゲン	牡4	58	松山弘平	2.15.6	クビ	16-16-15-14	37.4	16	206.2

単勝／410円　複勝／180円、370円、1,280円　枠連／1,180円　馬連／3,410円
ワイド／790円、3,910円、12,070円　馬単／5,350円　三連複／51,240円　三連単／183,870円

2019年6月23日
阪神11R
宝塚記念（GI）

(1) 阪神（日）11R
3連複軸2頭ながし
的中
軸馬： 11−12
相手： 01,03,07
各1,000円　合計3,000円

2020年6月28日
阪神11R
宝塚記念（GI）

購入金額　40,000円
払戻金額　164,000円
投票内容
(1) 阪神（日）11R　16
的中 単勝　40,000円

購入金額　50,000円
払戻金額　136,400円
投票内容
(1) 阪神（日）11R 馬連　11−16　20,000円
(2) 阪神（日）11R 的中 馬連ながし　14−2頭　各4,000円
(3) 阪神（日）11R 馬連　05−16　12,000円
(4) 阪神（日）11R 馬連ながし　16−2頭　各2,000円
(5) 阪神（日）11R 馬連ながし　16−2頭　各3,000円

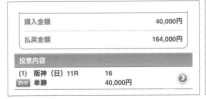

おわりに

第5章では、私のラップ予想理論が上手く機能し馬券の買い目もハマる、というレースばかりを見てきましたが、競馬はどんなツールを用いて予想しても楽しめるものです。それゆえ単なるギャンブルの枠を超越して発展し、趣味・スポーツ・文化として、長年にわたって多くの人に愛されているのでしょう。

幸いにも、競馬は年中無休で毎週行われていますが、なんの哲学も美学もなく取り組んでいては、いずれは飽きてしまうでしょう。この稀有で深遠な「競馬」を長く楽しみ続けるには、自分の「軸」に沿って、真剣に向上を目指すことが重要だと思います。

こう書くと堅苦しくなってしまいましたが、平素からいろいろな気づきを見逃さずしっかり記憶・記録して、それを整理したうえで、自分の好きな方法で取り入れれば良いのです。その指針となるのが、本書の最大の目的です。

本書には、競走馬が「どんな起伏のコース」の「どんな流れの（上りが掛かる／速い）レース」が得意ということを〝言語化〟し、時計と組み合わせて能力や適性を測り、さらには別のコースでのパフォーマンスを予測する場面がよく出てきます。ここで示した方法は私の〝哲学〟そのものではありますが、それでもあくまでも提案の一つでしかありません。例えば距離延長／短縮での適性を予見するには、ラップだけでなく血統やその他の要素を活用することもできるでしょうし、自分が培ってきた〝哲学〟に本書の内容から得たものを上手く取り入れて、〝向上〟に役立ててください。とはいえ【遺言40】で書いたように全てを取り入れていてはアウトなので、その取捨も主体的に決めてください。

「遺言」とまで銘打って、〝私が〟どうしても伝えたいことをここまで書き連ねてきましたが、結局は〝あなた自身が〟どうしたいかが全てなのです。あなた自身の新たな気づきをもたらす一助として本書が役に立てば著者としては素晴らしい喜びですが、むしろこれを読んだあなた自身が「遺言」を遺す気で予想を磨いて馬券を買ってくれるのが、最高の到達点でもあります。

ひたすら馬券を当てるために「遺言」を厳選して作り上げた本書ですが、次のページで最後に伝えたいのは、逆説的な「ラスト遺言」です。最後までお読みいただき、本当にありがとうございました。

遺言

馬券師・半笑いの

外れても

納得できる馬券を買え

半笑い

一橋大学卒。日本テレビ在籍時に始めた競馬予想ブログ『破滅へのカウントダウン』が独自の予想理論と帯封をものにする大勝負で人気を博し、月10万アクセスを誇るブログとなる。2007年にメディアデビュー。同年の皐月賞◎ヴィクトリー(7番人気)◯サンツェッペリン(15番人気)での本線的中は伝説となっている。現在はフリーの競馬予想家・ライターとして活躍中。主な著書に『半笑いの馬券術』『人生が変わる競馬 "ダート中距離があれば永遠に飯が食える"』『私が、太く張れる理由 人生が変わる競馬2～ここ一番の大勝負は、ダート短距離で決める!～』(全て白夜書房刊)、『競馬で喰うためのラップタイムの参考書』『砂にまみれて飯を食う 午前中に勝ちを決め最終レースで駄目を押す"ダート競馬"の儲け方』『金になる"ハイレベル馬"で儲ける単純な方法』(ガイドワークス刊)。

オフィシャルサイト

http://hanwarai.net

Twitterアカウント

@hanwarai_keiba
(https://twitter.com/hanwarai_keiba)

馬券師・半笑いの
遺言

2021年3月9日初版第一刷発行

著者	半笑い
発行者	松丸仁
装丁	雨奥崇訓 (oo-parts design)
写真	村田利之
編集協力	岸端薫子
印刷・製本	株式会社 暁印刷
発行所	株式会社 ガイドワークス
	編集部 〒169-8578 東京都新宿区高田馬場4-28-12 03-6311-7956
	営業部 〒169-8578 東京都新宿区高田馬場4-28-12 03-6311-7777
	URL http://guideworks.co.jp